현·금·곳·간·학 **1**

이야기로
배우는
현금불리기

지은이 **엄동일**

책넝쿨

차 례

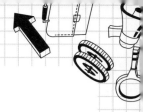

    도원농장의 정 여사는 우리를 대신해서 불만이 많습니다. 우리들의 자화상인지도 모를 일입니다. 정 여사가 그녀의 남편 조만수 씨에게 500만 원이 필요하다고 손을 내밀면서 전원(田園) 스토리텔링은 시작됩니다.

    이 책의 주인공인 조만수 씨가 내용을 몰라 답답해하고 있는 결산서류는 회사의 경영 결과를 보고하는 회계자료입니다. 회계자료는 숫자를 옮겨 써놓은 단순한 자료가 아닙니다.

    회계는 경영의 이야기입니다. 그냥 이야기가 아니라 쉽고 재미있는 이야기입니다. 경영의 재미있는 이야기를 숫자로 표시한 회계의 숲을 거닐다 보면 경영체를 바라보는 생각이 달라지고 더 고급스럽고 넓은 세상을 만나게 됩니다.

    여러분은 회계를 만난 적이 있습니까? 그곳에서 무엇을 배웠습니까? 현금을 잘 관리하지 못하고, 경영에 도움을 주지 못하는 회계는 아무런 쓸모가 없습니다. 경영체의 영업활동을 한 눈에 볼 수 있게 하는 그림 풍경이 회계서류입니다. 회계를 배우는 우리는 매처럼 높이 날아 회계의 숲 전체를 내려다보는 새도 되고, 다람쥐나 작은 새처럼 작은 동물의 눈으로 경영의 숲 속을 관찰하기도 합니다. 또한 연어처럼 물을 거슬러 오르면서 회계의 흐름을 읽는 물고기가 되기도 합니다.

실력이 조금씩 쌓이면서 회계자료에는 많은 그림들이 숨어 있다는 것을 배울 수 있습니다. 그림들을 찾아 그 뒤에 숨어있는 사실 내용을 발견하면 경영을 이해하기 쉬워지고, 경영체를 바라보는 시야가 더 넓고 높아지게 됩니다. 이렇게 숨어 있는 그림들을 찾아보면서 '아, 회계가 이렇게 쉽고 재미 있구나. 이것을 경영에 이렇게 적용하고 활용하면 되겠구나'하는 것을 배울 수 있습니다.

회계는 경영의 이야기이기 때문에 경영과 함께 배우면 더 빨리 이해할 수 있습니다. 이 책의 주인공인 조만수 씨가 실증 사례입니다. 주먹구구식 경영방식에서 헤매던 조만수 씨는 회계학 교수였던 홍삼표 씨를 만나 회계 전문가가 된 것처럼 으쓱거리면서 회계와 경영을 배워가는 도원농장 대표입니다.

또한 농산물 가공생산 5개 공장라인을 지배하는 농업회사법인의 CEO 자리에 오른 욕심쟁이 농민입니다. 우리는 누구나 조만수 씨처럼 변화하고 성장하려는 희망의 모습을 가지고 있음을 볼 수 있습니다. 주인공이 만나는 농업디자인은 우리에게 플러스의 그 무엇을 줄 것이라고 확신합니다. 그런 희망과 믿음은 농업경영체의 경영과 회계의 영역을 농업디자인으로 확장하여 융합시켜야 농업·농촌이 윤택해질 것이라는 신념이 있기 때문입니다.

농업디자인은 농업구조디자인과 농업구성디자인으로 나눌 수 있습니다. 농업구조디자인 부문의 결론은 1차 산업(농산물 생산), 2차 산업(농산품 제조·가공), 3차 산업(유통, 관광체험, 연구 등)이

융합되어야 농업·농촌이 융성해 진다는 것입니다. 그리고 농업구성 디자인은 사람(人) 디자인, 농산물(物) 디자인, 환경 시설물(資本) 디자인으로 나누어서 회계와 경영에 나타나는 모습을 그렸습니다.

이 중에서 사람(人)디자인이 가장 중요하다고 할 수 있습니다. 왜냐하면, 농업디자인은 우리 자신들의 모습, 말, 태도부터 디자인하는 것이 순서이기 때문입니다.

이 책을 만화 읽듯이 부담없이 13장까지 읽다보면 스토리텔링의 주인공 조만수 씨처럼 회계 초심자도 회계가 무엇인지, 경영에서 회계가 왜 필요한지를 훤히 알 수 있을 것입니다. 어려운 부분은 애써 읽지 말고 그냥 넘겼다가 나중에 다시 읽으면 이해하기 쉬워질 것입니다.

또한 이 책은 전국의 농장대표와 농업회사법인, 영농조합법인 임직원은 물론, 회계와 관련없는 사람들도 쉽게 이해할 수 있도록 풀어 놓았습니다. 전국의 농민, 주부 그리고 대학생들에게도 이해하는 데 도움이 될 수 있을 것입니다.

끝으로 이 책을 출판해 준 농민신문사 임승한 사장님과 기획출판부 여러분께도 감사드립니다.

2015. 11
엄 동 일

　우리는 우리의 고향인 농촌이 더 풍성하고 더 살기 좋은 곳이 되기를 늘 기도하며 살아가고 있습니다. 그 중에서도 농장의 현금곳간에 현금이 흘러넘치게 하고 싶은 것이 우리의 희망입니다. 이 희망은 우리가 해결해야할 과제이기도 합니다. 농장의 현금곳간을 꽉 채우기 위해서 다음 몇 가지를 생각해 봅니다.

　첫째로, 농산물을 제값 받게 하고 더 많이 판매하며, 새로운 고객을 끊임없이 만들어 나아가야 합니다. 이것을 목표매출액이라고 할 수 있습니다. 그냥 매출액은 미미하지만 목표매출액은 단단한 의지가 뭉쳐져 있습니다.

　둘째로, 매출액에 비례하여 발생하는 비용을 최소한으로 투자하는 비용 구조여야 합니다. 실패해도 망할 이유가 없습니다. 이것을 목표변동비라고 할 수 있습니다.

　이렇게 하면 셋째로, 많은 현금을 계속 보유할 수 있습니다. 경영체의 외부에서 들어오는 돈을 크게 하는 목표매출액과, 매출에 비례해서 경영체의 외부로 나가는 돈을 적게 하는 목표변동비와의 차액인 현금창출공헌이익은 경영체에 쌓이는 현금의 증가분인 것입니다. 이것이 최신 유행하는 현금창출회계의 기본 틀입니다.

　도원농장과 같은 개인 경영체는 물론 농업회사법인이나 영농조합

법인 같은 법인체에서도 최고의 목적은 최대의 현금을 확보하고 여유로운 경영을 하는 것입니다. 그런 이유에서 개인농장이나 농업관련 법인체의 현금창출 최신 회계이론을 이야기처럼 쉽게 풀어 설명한 책 〈이야기로 배우는 현금불리기〉의 전원 스토리텔링은 많은 이야깃거리가 될 것으로 예상합니다.

필자는 30여 년 전 초급 책임자 시절부터 내 방으로 찾아와 농민이 자기 숫자를 가질 것(회계교육)을 주장하고, 농협본부에 농업디자인 부서를 설치하여 이를 연구 · 보급할 것을 열렬히 건의하던 선구자적인 우수한 동지였습니다. 또한 20년 전, 필자가 우리나라 최초로 농장회계 책 〈농장경영의 장부기입방법〉을 발간하여 회장실에 보고하러 오던 사실을 즐거운 추억으로 간직하며 대견하게 생각하고 있습니다.

필자가 현직을 떠난 후에도 농업 · 농촌에 대한 사랑과 관심을 농업경영체의 성장에 도움이 되는 〈이야기로 배우는 현금불리기〉 책으로 승화시킨 정열에 박수와 격려를 보냅니다.

모쪼록 이 책이 농업관련 법인체와 개별 농장의 경영에 도움이 되는 것은 물론, 많은 사람들이 이 책을 읽은 덕분에 돈을 많이 벌 수 있었다는 소식이 들려올 수 있었으면 좋겠습니다.

엄동일 동지! 애썼습니다. 거듭거듭 더 많은 연구와 정진을 기대합니다.

2015. 11

원 철 희

(전)농협중앙회 회장
현 (사) 농식품신유통연구원 이사장
법무법인 화평 상임고문

제**1**장
이야기 천사

회계는 경영의 이야기이다

조만수 씨는 요즘 답답하기만 합니다. 며칠 전 농업회사법인 ㈜주리의 결산서 3년치를 받아들고 도원농장으로 오기는 했는데 이리저리 뒤적여 봐도 감사가 이 결산서를 보고 무엇을 해야 하는지 알 수가 없습니다. 그의 아내 정 여사는 농장 일이 힘들다면서 틈만 나면 한마디 합니다.

"힘들어 일 못하겠어. 해도해도 끝이 없고…, 돈 한 푼 맘 놓고 쓸 수도 없고…."

표고버섯 따는 것도 귀찮고 재미없습니다. 소중하고 아름답게 보이던 표고버섯이 하찮게 보입니다. 하나하나가 현금이라며 귀하게 여겼던 표고버섯이 자꾸만 천덕꾸러기로 보이는 것입니다.

"얼마나 살다가 죽겠다고? 팔자하고는……"

일하던 손을 놓고 멍하니 허공을 보는 날이 부쩍 많아졌습니다.

"취미생활할 겨를도 없고……, 봉사활동도 하면서 사람답게 살고 싶어! 일에 치여 꼼짝도 못하잖아. 창살 없는 감옥 아닌가?"

요즘 정 여사는 점점 노골적으로 불만을 쏟아내고 있습니다.

"세상에! 그렇게 벌어들인 돈 다 어디 가고 내 사고 싶은 거 하나 살 돈도 없다고? 차라리 딴 살림 차리는 게 더 낫겠네."

그리고 마음속으로 '내 돈 벌어 취미생활하고 즐겁게 살아야지' 하고 곰곰이 생각하기에 이르렀습니다.

자주 다투지만 오늘은 더 말이 많습니다.

"여보! 할 얘기가 있어요."

어쩐지 말에 색깔이 있는 게 느껴지며 마음이 켕기는 것을 느낍니다.

정 여사가 할 얘기 있다고 말을 꺼낼 때는 늘 곤란함을 느낀 경험이 있었기 때문입니다.

"……"

조만수 씨는 지은 죄도 없으면서 움츠러듭니다.

말없이 눈만 마주치며 말해보라는 사인을 보냅니다.

"쓸 데가 있어 그러는데 5백만 원만 주세요."

"5백만 원? 그렇게 큰돈이 어디에 있어?"

"꼭 쓸 데가 있는데……"

말도 끝나기 전에 조만수 씨는 슬쩍 자리를 피하고 맙니다. 정 여사는 섭섭합니다. 말을 꺼냈으면 관심이나 보이든지, 돈 얘기를 하면 무엇에 쓸 지를 물어보기라도 하면 덜 섭섭하련만, 퉁명스럽게 한 마디 던지면서 자리를 피하고 마는 남편이 얄밉습니다.

며칠이고 대화도 없이 지냅니다. 어느 날엔가 면 단위 체육행사에 갔을 때였습니다. 중년쯤인 남자가 트럼펫을 불면서 흥을 돋우고 있었습니다. 여기저기 봉사활동하면서 연주도 한다는 소문이 있는 사람입니다. 별로 잘 부는 것도 아닌데 반응은 뜨겁습니다.

"쳇! 내가 불면 열배는 더 잘 불겠다."

사실 그의 아내 정영란 씨는 여고시절 밴드부 트럼펫 리더였습니다.

아는 곡은 악보 없이도 자유롭게 연주할 수 있는 실력자입니다.

나이 들면서 허무한 인생이라고 투덜거리다가 잊었던 자아를 찾은 듯 설레는 요즈음입니다.

"맞아! 왜 여태껏 트럼펫 생각을 못했을까? 취미생활? 그래, 봉사활동 겸 연주회도 가져보자. 좋았어."

3백만 원 정도로는 트럼펫을 사고, 나머지로는 옷이랑 신발도 사고, 오랜만에 친정에라도 다녀올 심산이었습니다.

조만수 씨의 마음도 답답하기는 마찬가지입니다. 돈 있으면 선뜻 쥐어 주련만 요즘 농장 형편이 많이 어려워졌습니다. 조만수 씨는 표고버섯 재배에 성공한 공로로 새농민상도 받았습니다. 그만큼 한때 잘나가는 선도 농업인으로 꽤 넉넉한 생활을 즐기며 살았습니다.

그런데 어쩐 일인지 농장에 현금이 잘 돌지 않기 시작한 것입니다.

영농규모도 커지고 매출도 꽤 많아졌는데 돈은 자꾸 고갈돼 가기 시작합니다. 아무리 살펴보아도 돈 새는 구멍은 보이지 않는데 현금이 없습니다.

"미치겠네! 현금이 없어!"

이러는 중에 ㈜주리의 결산총회에서 감투를 쓰게 된 것입니다.

"도원농장 조만수 씨를 감사로 추천합니다."

이어서 찬성 발언이 쏟아지고 추대형식으로 감사 자리에 앉게 됩니다.

'다른 사람들도 감사업무를 무난하게 끝내는데 나도 해낼 수 있겠지…' 하면서도 왠지 찜찜한 마음을 지울 수가 없습니다.

보증기금 관계자가 ㈜주리의 최 회장과 나누는 대화 내용이 다시 생각해보아도 귀에 거슬렸기 때문입니다.

"최 회장님, 주리의 자금사정이 많이 곤란한가 봅니다. 빨리 구조조정에 들어가야 합니다. 아마도 머지 않아 추가보증을 할 수 없다는 통보가 올 것 같습니다."

보증기금 관계자의 표정이 심각합니다.

'괜한 수락을 한 건 아닐까?'

'자금사정이 안 좋다? 그럴 리가 없는데? 흑자결산 아닌가? 순이익이 났다고 매년 5~7%씩 배당도 하였는데?'

'구조조정에 들어가라는 건 또 뭔가? 감원하라는 뜻인가? 추가보증이 안되면 대출도 못 받는다는 뜻 아닌가?'

최규식 회장도 비슷한 생각을 하고 있는 듯한 대답을 합니다.

"심사역님, 너무 걱정하지 마십시오. 저희 주리에선 계속 흑자 결산을 해 왔고 배당도 무난하게 하고 있습니다. 잠시 운전자금이 부족해 자금부족 현상이 나타나고 있지만 곧 풀릴 것입니다."

뚱뚱하고 배 불뚝 나온 심사역이라는 보증기금 관계자는 현금 뭐 어쩌고 하면서 서류 몇 장을 건네고 돌아갔습니다.

나중에 손학두 경리부장에게 물어보았습니다.

"보통 있는 일입니다. 크게 신경 쓸 일 아닙니다. 주리의 현금흐름표를 받아 갔습니다. 결산서류에 붙어 있는 거랑 같은 겁니다."

조만수 씨는 현금흐름표가 무엇인지, 그것을 주고받으면서 심각한 표정을 짓던 이유가 무엇인지 알 수가 없습니다.

결산서에 첨부된 재무제표를 뜻도 모르고 뒤적이고 있는데 동네 큰 형님뻘 되는 홍삼표 교수가 표고버섯 비닐하우스 한 켠에 마련한 사무실로 들어옵니다.

"뭘 그렇게 골똘히 생각하기에 노크 소리도 못 듣습니까? 표고버섯 선물용 좀 사러 왔습니다. 도원농장 표고가 최고 품질이잖습니까?"

홍 교수는 조만수 씨 큰형님의 죽마고우입니다.

새까만 후배에게 경어를 쓰는 것이 무척 부담스럽지만 지금은 자꾸 들어서 그런지 어색하지 않습니다.

강단에 오래 서면서 경어의 말투가 입에 배었답니다. 대학에서 회계학, 세무회계, 세법학을 강의하고 농장회계 책도 쓴 적이 있습니다.

그 동안의 일어난 사정얘기를 듣고 되묻습니다.

"감사가 할 일이 무어라고 생각합니까?"

결산총회 전에 전임 감사가 서류를 들추면서 준비하던 것을 어깨 너머로 본 일이 있습니다.

"글쎄요…… 출장비, 업무추진비, 각종 사무용품비 등이 지불회의 서랑 장부랑 정확하게 맞는지 살펴야 하겠습니다."

"그 외에 또 무엇이 있겠습니까?"

조 감사는 말문이 막혔습니다.

홍 교수가 어떤 대답을 기대하고 있을까? 머리를 굴려보아도 아는 바가 없습니다. 감사가 해야 할 역할이 많다는 눈치입니다.

"주리의 결산서 내용이 정확하고 올바른지 판단해야 합니다!"

목소리에 힘이 들어 있음이 느껴집니다.

조 감사의 머리가 헷갈려 옵니다. 현장에서 근무하는 것도 아닌데 서류만 보고 어떻게 내용을 판단할 수 있단 말인가?

"그래야 직원의 부정을 방지할 수 있습니다. 특히 재고관리가 잘되고 있는지, 외상매출금 회수는 잘되고 있는지? 매출누락은 없는지? 등을 짚어낼 수 있어야 합니다."

"감사가 그런 것까지?"

"현금이 흘러가고 오는 길목도 알고 있어야 합니다!"

조 감사는 갑자기 앞이 깜깜해지는 느낌입니다. 그래도 어차피 엎질러진 물 아닌가? 하고 생각하며 조심스럽게 물어 봅니다.

"그런 걸 다 하자면 많이 배워야 합니까?"

"회계 몇 가지만 배우면 됩니다."

"회계를 배우는 게 어렵잖습니까?"

"쉽습니다. 회계는 그냥 경영의 이야기일 뿐입니다!"

"이야기라고요?"

"경영의 재미있는 이야기가 회계입니다."

"그래도 회계는 공식도 많고 복잡하고 어렵잖습니까? 저 몇 년 있으면 환갑인데 이 나이에도 배울 수 있을까요?"

"아직 60도 안됐잖아요. 에디슨 이야기 하나 들어 보십시오"

홍 교수가 들려준 에디슨 일화는 다음과 같습니다.

1914년 12월, 미국 뉴저지에 있는 발명왕 토마스 에디슨의 실험실에 큰 화재가 발생했습니다. 이 사고로 수백만 달러 이상의 값이 나가는 실험도구들과 에디슨의 일생을 바쳐 기록한 실험 일지들이 불타고 말았습니다. 다음날 아침 에디슨은 자신의 꿈과 희망이 잿더미로 변한 실험실을 보며 다음과 같이 말했습니다.

"재앙이 반드시 나쁜 건 아니군. 내 모든 실수를 한꺼번에 다 가져가 버렸으니 말이야. 이 나이에 다시 시작할 수 있게 해 주시니 하느님께 얼마나 감사한지……"

그리고 그는 다시 연구를 하기 시작했습니다. 당시 에디슨의 나이는 예순 일곱이었습니다. 그는 자신에게 닥친 불행에도 불구하고 여전히 의욕적이고 목표 지향적인 자세를 유지했습니다. 이 때문에 그는 모든 것을 잃고도 전혀 불행하지 않았습니다. 이 이야기가 주는 교훈은 이렇습니다.

'결코 포기하지 말라. 언제나 다시 시작하는 용기가 필요하다'

얘기를 다 듣고 조 감사가 따지듯 묻습니다.

"에디슨처럼 역사에 남는 발명가랑 저 같은 사람이랑 비교가 됩니까?"

"마음가짐에 따라 가는 길도 달라집니다. 조 감사 머리가 좋잖습니까."

조만수 씨가 어릴 때 총명하다는 칭찬을 많이 들었던 것을 홍 교수가 기억하고 있는 것입니다.

숨은 그림 찾기

결산서에는 재무상태표, 손익계산서, 현금흐름표, 자본변동표, 주
석이라는 제목의 서류가 붙여져 있습니다. 서류 이름도 잘 모르겠고,
차변·대변·잔액·누계 란엔 숫자가 빽빽하게 인쇄돼 있습니다.

조만수 씨는 골치가 아픕니다. 도원농장 일에나 전념할 걸 괜한 감
투를 썼구나 후회를 합니다. 더구나 아내의 노골적인 불평을 안고서
말입니다. 그런 낌새를 알았는지 홍 교수가 한마디 툭 던집니다.

"운전면허시험 몇 점 받고 합격했습니까?"

갑자기 운전면허시험 얘기랑 회계랑 무슨 관련이 있단 말인가?

"학과 시험요? 98점 받았습니다."

"거의 만점이네! 그거보다 더 쉽습니다."

이해할 수 없습니다. 사업한 것을 계산하고, 장부 기입하여 결산서 류 만들고 분석하는 것이 어떻게 운전면허시험보다 쉽다고 말하는가?

홍 교수는 조 감사가 무슨 생각을 하는지 아는 양 한 번 더 강조합 니다.

"그렇습니다. 더 쉽습니다."

홍 교수가 차근차근 설명을 시작합니다. 회계는 경영의 이야기이고 약속입니다. '회계' 하면 먼저 복잡한 계산과 빽빽하게 쓴 숫자를 생각 하기 쉽습니다. 그러나 회계의 본질은 아주 간단합니다. 그냥 사업의 경영에 관한 이야기를 약속한 대로 숫자로 옮겨 쓰는 것뿐입니다.

경영의 이야기를 약속한 대로 기록한 것이 재무상태표, 손익계산 서이고 현금흐름표입니다. 자동차는 길의 오른쪽으로 간다는 약속 을 만들고 오른쪽으로 운행합니다. 왼쪽으로 갈 생각이면 왼쪽 깜빡 이, 오른쪽이면 오른쪽 깜빡이를 켭니다. 그냥 정해진 대로 하면 됩 니다. 앞으로 갈 땐 D, 뒤로 갈 땐 R 레버를 씁니다. D와 R을 써놓 고 그렇게 운행하기로 약속하고 그대로 할 뿐입니다. 회계도 그렇습 니다. 왼쪽에 쓰는 항목은 차변에, 오른쪽에 쓰는 항목은 대변에 씁 니다. 차변 대변 이름만 어색할 뿐 의미도 없이 그렇게 씁니다.

돈을 받으면 왼쪽 즉 차변에, 돈을 지급하면 오른쪽 즉 대변에 쓰 기로 약속하고 그대로 쓰는 게 분개입니다. 그러나 보통은 그런 분 개 같은 것도 몰라도 됩니다. 그냥 더하기 빼기를 계산기로 계산할 줄 알고, 몇 가지만 더 이해하면 주리의 감사업무는 물론, 도원농장 에서도 충분히 써 먹을 수 있습니다.

왼쪽 오른쪽, 더하기 빼기를 말하듯 이야기하듯 여러 사람들이 약속한 대로 숫자로 바꾸어 놓은 것이 회계라는 것입니다.

　배우는 요령 몇 가지만 알면 된다는 것입니다.

　"㈜주리의 회계 모습을 높은 곳에서 내려다 볼 줄 알면 됩니다. 매처럼 높이 날아서 아래에 펼쳐진 숲을 내려다보듯이 말입니다."

　"주리의 전체 규모를 먼저 보라는 뜻입니까?"

　"맞아요! 역시 다릅니다. 요약한 내용을 볼 줄 알면 됩니다."

　"그것만 볼 줄 알면 됩니까?"

　"그 다음은 숨은 그림 찾기 놀이입니다. 회계의 뒤에 숨어 있는 사실을 찾는 놀이입니다. 이 그림이 무엇으로 보입니까?"

〈 루빈의 술잔 〉

〈 복고양이 그림 〉

　홍 교수는 가방에서 책 한 권을 꺼내어 펼치면서 묻습니다.

　그 그림은 도자기 술잔 그림입니다. 단순하고 정갈한 느낌입니다.

　"고급 도자기 술잔 같습니다만……"

　"그 다음 것은?"

　"토끼 그림 아닙니까?"

"둘 다 자세히 다시 한 번 보면 다른 그림도 보일 겁니다."

다시 자세히 보니 술잔 그림은 양쪽에서 마주 보고 있는 사람 얼굴 형상으로 보이는 것입니다. 토끼 그림은 고양이 형상으로도 보입니다.

"하나는 루빈의 술잔이라는 그림이고, 또 하나는 복고양이 그림입니다. 회계에는 이런 숨은 그림 같은 것이 많이 있습니다. 회계를 공부하면 겉으로 보이는 것보다 뒤에 숨어 있는 내용을 찾을 줄 알게 됩니다. 회계는 숨은 그림 찾기랑 비슷합니다."

조만수 씨가 침을 꿀꺽 삼킵니다. 어라? 회계 공부 재밌겠는데? 하면서 의자를 당겨 앉습니다.

홍삼표 교수의 강의는 계속됩니다.

"그냥 조금만 노력하면 됩니다. 머릿속으로 상상하는 그림을 많이 그리고 생각하면 됩니다. 작은 새도 되고 다람쥐도 돼서 숲속에 숨어 있는 숨은 그림도 찾고, 천사의 모습도 악마의 얼굴도 볼 줄 알게 됩니다. 수수께끼도 풀 수 있고, 숨은 그림도 찾을 수 있습니다. 회계는 경영의 이야기라고 한 말을 기억해 보십시오."

매처럼 높이 날아서 회계의 전체 모습을 볼 줄 알면 된다더니 이번에는 작은 새가 되고 다람쥐도 되어서 숨은 그림과 수수께끼도 풀 수 있다고 말하는 것입니다. 그러니까 매의 눈으로 회계 전체를 보고, 작은 새나 다람쥐의 눈으로 회계의 숲속에 숨어 있는 사실을 관찰한다는 의미를 설명하고 있는 것입니다. 조만수 씨는 재밌는 동화의 세계로 들어가는 묘한 생각이 듭니다. 숨은 그림이랑 천사와 악마는 무엇을 의미하는 것일까? 수수께끼 풀기를 한다면 재밌는 놀이가 아닌가? 설레며 흥미를 느낍니다. 무언가 서광이 비치고 막혔던 체증이 뻥 뚫리는 기분을 느낍니다. 그러나 한편으로는 조금 부끄러운 마음도 들었습니다. 주리의 요약한 모습은 커녕 본인이 직접 운영하는 도원농장의 요약한 모습도 따져보지 못하였잖은가?

괜히 마음이 무겁고 헝클어지는 걸 느낍니다.

"......"

잠시 무거운 침묵이 흘렀습니다.

"무슨 다른 고민이라도 있습니까? 힘들이지 말고 말해 보십시오!"

03

흙탕을 볼 것인가?
별을 볼 것인가?

조만수 씨는 오늘 아침에도 부인 정영란 씨와 다투고 농장 한복판 비닐하우스 속에 만든 사무실에 쫓기듯 나와 있는 중입니다.

"최후통첩이에요, 더 이상 이 감옥 같은 곳에서 못살겠어요. 가난해도 사람답게! 하고 싶은 취미생활도 봉사활동도 하면서 살고 싶어요."

농장일만 해도 손등 터지면서 화장도 못하고 일하기 바쁜데 골치 아픈 주리의 감사 자리까지 꿰차고 잘해 보라면서 행선지도 알리지 않고 나가버린 것입니다. 요 며칠 사이에 일어났던 부부싸움 얘기를 듣던 홍 교수가 입을 뗍니다.

"결국은 돈 때문인 것 같습니다. 현금 곳간을 꽉 채우면 한칼에 해결될 겁니다."

'현금 곳간이란 건 무엇인가? 처음 들어보는 소리인데? 현금 곳간을 꽉 채운다고? 어떻게 채운다는 걸까? 어떻게 한칼로 해결한다고 큰 소리 치는 걸까?'

온통 처음 듣는 얘기들 뿐입니다. 다른 세상 얘기처럼 들립니다.

한편 홍 교수의 머릿속으로는 수많은 생각이 바람처럼 휘익 지나갑니다. 착하게 고향을 지키면서 열심히 사는 친구 동생을 홍 교수는 측은한 마음으로 바라보며 생각합니다.

'그래! 이렇게 열심히 사는 농촌지킴이를 도와줘야 해!' 그런 생각을 하면서 이야기 하나를 들려줍니다.

2차대전 중에 델마 톰슨이라는 부인의 남편은 캘리포니아 주 모하비(Mojave) 사막에 있는 육군 훈련소에 배속되어 있었습니다. 그녀는 혼자 외롭게 지내기보다는 남편을 따라 그곳으로 이사 오게 됩니다. 그곳 형편은 아주 나빴습니다. 남편은 모하비 사막에서 훈련에 참가하고 그녀는 통나무집에 달랑 혼자 남았습니다. 그곳은 섭씨 50도를 오르내리는 지독한 무더위에 바람에 날리는 모래가 음식에 섞이기 일쑤였습니다. 주변 사람들이라고는 멕시코인과 인디언 뿐 영어가 전혀 통하지 않았습니다. 그녀의 마음은 상심 그 자체였습니다. 그녀는 친정아버지께 편지를 보냈습니다.

"이곳에서 도저히 견디고 살 수 없어요. 집으로 돌아가겠어요. 이런 곳보다는 차라리 형무소가 낫겠어요."

그러나 친정아버지의 답장에는 다음과 같이 달랑 두 줄만 적혀 있었습니다.

"두 사나이가 형무소에서 창밖을 바라보았단다. 그런데 한 사람은 흙탕을 보고, 다른 한 사람은 별을 보았지!"

이 편지를 받고 톰슨 부인은 충격을 받았습니다. 편지를 몇 번이고 되풀이해서 읽고는 자기 자신이 부끄러워졌습니다. 그리고 이 두 줄의 글이 그녀의 인생을 바꿔 놓았습니다. 그녀는 곧 그곳의 낯선 이웃들과 친구가 됨은 물론 대자연을 깊이 관찰 연구한 끝에 『빛나는 성벽』이라는 책을 출판하기까지 했습니다.

생각을 바꿈으로써 불행의 포로에서 일약 베스트셀러 작가로 변신할 수 있었던 것입니다. 무엇이 그녀를 그렇게 변화시켰을까요? 모하비 사막은 변함이 없고 인디언도 달라진 것이 없었습니다. 그녀의 마음가짐이 달라진 것입니다.

비참한 경험을 생애에서 가장 즐거운 모험으로 바꾸어 버렸던 것입니다. 자신이 만든 감옥 창문을 통하여 별을 찾아낸 것입니다.

흙탕을 보고 절망하며 살 것인가? 아니면 별을 바라보며 희망 속에서 살 것인가? 이것은 선택의 문제입니다. 나아가 우리는 하찮아 보이는 것들 속에서 보이지 않는 가치를 볼 줄도 알아야 합니다. 행복과 성공은 진흙 속에 숨겨진 진주를 찾아낼 줄 아는 안목에 있습니다. 누구에게나 마이너스를 플러스로 바꾸는 긍정의 힘이 있음을 기억해야 합니다.

이야기를 듣고 생각나는 게 있는지 조 감사의 눈빛이 반짝 빛납니다. '그래, 아내에게 이 이야기를 전해 줘야지. 흙탕이든 별이든 어떤 선택을 하는지 두고 보자'하면서 웅크렸던 마음을 일단 열어 둡니다. 조만수 씨는 잠시 망설이다가 쭈뼛거리며 말합니다.

"교수님! 저도 회계를 배우고 싶습니다. 어떻게 배울 수 있습니까?"

"배운다기보다 놀러 오십시오. 시간 정해줄 테니까 부담 없이 놀이 삼아 오십시오. 「현금창출 농업디자인회계 아카데미」는 항상 개방돼 있습니다."

바람이 비닐하우스를 스칩니다.

제2장

현금창출박스를
돌리는 사연

04

회계의 중심, 재무상태표

홍 교수를 만난 후 조 감사는 무언가 잘 풀리는 예감을 갖게 됩니다.

'나에게도 에디슨처럼 다시 시작하는 용기를 갖게 해 준 것 같아 힘이 솟는 기분이야.'

'그래, 홍 교수가 나를 성장하게 하려고 온 천사인지도 몰라. 행운을 잡을 수 있는 기회인지도 몰라'

이런저런 생각을 하며 홍 교수 연구소를 방문합니다. 언덕 위에 있는 연구소에서 내가 오는 것을 보고 있었던지 홍 교수는 문밖에 나와서 기다리고 있습니다.

"조 감사, 어서 오십시오."

전통 한옥으로 단장한 연구소는 대나무 밭에 싸여 아늑했고, 야트

막한 뒷산엔 아름드리 송림이 우거져 있습니다.

"농장에서 농산물을 생산해서 팔고 수입을 올려 가족들과 안락하게 사는 모습은 아름답습니다. 성스럽기까지 합니다. ㈜주리에서 제품을 만들어 팔고 돈 벌어 직원들 먹여 살리고 지역발전에 기여하는 것은 멋진 일입니다."

홍 교수는 만나자마자 미리 준비한 원고 읽듯이 강의를 시작합니다.

"우린 그것을 사업이라고 합니다. 멋진 게 사업이지만 경영의 관점에서 보면 좀 삭막해집니다."

조 감사가 얼른 대답해 버립니다.

"사업이 돈 벌려는 것 아닙니까?"

"맞습니다. 머리가 좋습니다, 조 감사는! 그 전에 '현금을 투자해서'가 들어가야 됩니다. 즉, 사업이란 현금을 투자해서 현금을 벌어들이는 것이 정답입니다."

"현금을 투자! 현금을 벌어들이는 것?"

"오케이! 그냥 '농장을 경영한다'가 아니라 '나는 사업가다! 현금을 투자해서 현금을 최대한 많이 창출해 내는 진짜 사업가다'라는 전제를 머리에서 떨어지지 않게 기억해야 합니다. 따라서 농장은 현금을 이용하여 새로운 현금을 창출하는 존재인 것입니다. 사업가의 뇌 구조에 꽉 박혀 있어야 할 바탕이라 할 수 있습니다."

홍 교수가 말하는 취지는 대강 이런 내용입니다. 사업을 하는 최종목적은 상품을 팔아서 수익을 많이 올리는 것도 아니고 이익을 많이 올리는 것도 아닙니다. 비용을 쥐어짜듯 줄여야 한다는 것도 아닙니다. 현금을 이용하여 현금을 창출한다는 것입니다. 그것도 그냥 창출이 아니라 최대한 많이 창출하라는 것입니다.

"끊임없이 현금을 돌게 하는 것이 사업가의 사명입니다."

경영체를 유지하고 발전시키기 위해서 이익을 많이 내고 돈 많이 벌어야 한다는 것이 아니라 현금을 돌게 하는 것이 사업가의 사명이라고 말하고 있습니다.

사명이라면 외부로부터 나에게 주어진 임무라는 뜻입니다. 사업하면서 현금을 잘 돌게 하는 것이 맡은 바 사명이라는 말입니다.

조 감사는 마음이 오그라드는 기분을 느낍니다. "회계는 경영의 이야기라고 했지요?" 를 되물으면서 홍 교수의 이야기가 이어집니다.

"예를 들면서 이야기를 자꾸 하는 것도 목적이 있다는 걸 알아야 합니다. 사업을 하면서 많은 이야기를 가지고 있어야 합니다. 그것이 본인의 것이든 세계적 인물의 이야기든지, 이야깃거리를 많이 가지고 있으면 써먹을 데가 많을 겁니다. 긍정적이고 성장에 도움이 되는 이야기를 자꾸 하다 보면 자신이 그렇게 되고, 원하는 방향으로 이루어지는 걸 경험하게 됩니다. 돈 1달러가 사람을 변화시킨 이야기가 있습니다."

적극적 사고 훈련가인 지그 지글러(Zig Zigler) 박사가 뉴욕의 지하도를 들어가려는데 거지 하나가 연필을 팔고 있었습니다. 지글러도 다른 사람처럼 1달러를 주고 연필은 받지 않았습니다. 그런데 지나쳐 가다가 다시 되돌아와서 거지에게 말했습니다.

"아까 준 1달러의 대가로 연필을 주세요."

거지가 연필을 주자 지글러 박사가 힘주어 이렇게 말했습니다.

"당신도 나와 같은 사업가요. 당신은 더 이상 거지가 아닙니다."

지글러 박사의 이 말 한마디에 거지는 '그래. 나는 거지가 아니야. 거리에서 돈 1달러를 받고 연필 한 자루씩 파는 사업가라고' 라며 생각했습니다. 그 순간부터 거지의 자화상은 달라졌을 뿐 아니라 새로운 힘과 용기를 얻을 수 있었습니다. 그는 자신의 운명과 환경을 바꾸는 말을 되새기듯이 했습니다.

"나는 사업가다. 나는 사업가다. 연필을 파는 사업가다."

이렇게 생각의 큰 변화를 겪은 거지는 훗날 정말로 큰 사업가가 되었습니다. 그리고 지글러 박사를 찾아와 다음과 같이 말했습니다.

"당신의 말 한마디가 나를 변화시켰습니다. 다른 사람들은 연필도 안 받은 채 1달러만 주고 가기 때문에 나는 늘 거지 자화상을 갖고 있었죠. 그러나 당신은 연필을 받아 가면서 '당신도 나와 똑같은 사업가!'라고 말해 주어서 이렇게 인생이 바뀔 수 있었습니다."

인생을 행복하게 살고 싶다고 생각하는 사람은 그런 방향으로 살아갈 수 있습니다. 또한 인생을 불행하게 살아도 좋다고 생각하는 사람은 그런 방향으로 살게 될 가능성이 많습니다. 우리가 바라는 세상은 결국 자기가 향한 세계로 귀착하게 됩니다. 그러므로 운명을 바꾸려면 먼저 뇌를 개조해야 합니다.

우리가 사업가인가? 맞습니다. 사업가도 너무나 대단한 사업가입니다. 사업가라면 현금을 이용하여 새로운 현금을 창출하는 목표에 최고의 가치를 두고 배워 가는 것입니다. 그런데 조 감사의 머릿속에는 ㈜주리의 최 회장과 보증기금 직원의 대화내용이 영 께름칙하게 마음에 걸리고 의문입니다. 주리는 지난 결산총회 때 3억5천만 원 넘게 순이익이 났으며 5.6%의 배당도 무난히 한 바 있습니다. 그런데 두 사람의 대화 내용은 '자금 사정이 나쁘다' '구조조정에 들어가야 한다' '추가보증이 곤란하다'는 얘기를 나누고 있습니다.

"교수님! 순이익이 많이 났는데 자금 사정이 나쁘다, 현금이 부족하다는 것이 말이 됩니까?"

"계산상 순이익과 현금이 있고 없고는 별개의 문제입니다. 순이익은 실제로 존재하는 것이 아니고 그냥 느낌 같은 것입니다. 의견이 끼어든 숫자일 뿐입니다. 현금은……"

홍 교수는 말을 끊고 천천히 손바닥을 펴 보이며 말합니다.

"현금은 실제 현실입니다. 손에 쥐고 언제나 뜻대로 사용할 수 있는 현실! 도원농장에서도 이익이 많이 난 것 같은데 현금이 없어 힘든 적 있었을 것입니다."

"맞습니다. 틀림없이 돈을 많이 번 것 같은데 현금이 없어요. 얼마 전에도 아내가 악기를 사고 싶어 5백만 원이 필요하다면서 손 내미는 것을 못챙겨줘서 부부싸움하고 섭섭한 소리 들었거든요."

"혹시 외상으로 농산물을 팔고 아직 돈 못 받은 거 있습니까?"

조 감사는 기억을 더듬습니다. 그렇습니다. ㈜주리에 납품하고 못 받은 표고버섯 판매대금이 1천5백만 원이나 있고, 콩 미수금도 6백만 원이나 있습니다.

홍 교수가 머리를 끄덕이면서 그럴 줄 알았다는 듯이 말합니다.

"판매대금을 받지 못하고 외상으로 많이 깔려 있을 때, 이익이 많이 난 것 같은데 현금 없는 대표적인 경우입니다. 현금이 돌지 않으니까."

홍 교수가 문득 생각난 것처럼 묻습니다.

"표고 재배 비닐하우스 앞에 표고목이 산더미처럼 쌓여 있던데 언제 쓸 것입니까?"

재작년 주리에서 표고버섯 대량 납품 주문을 받고 비닐하우스를 새로 짓고 표고목도 준비했었는데 주문 취소된 바 있습니다. 그것이 그냥 쌓여 있습니다. 냉동창고에도 표고버섯이 박스 채 쌓여 있습니다.

"흠, 어렴풋이 그림이 보입니다. 우선 도원농장이 너무 살이 쪘습니다. 비대해 졌습니다. 수술해서 가볍게 해야 합니다. 과감히 자르고 버려야 합니다. 경영체에 군더더기 살이 찌고 때가 끼면 자금사정이 나빠지고 구조조정 얘기가 나오게 되는 것입니다."

"그런 것이 어디 있습니까?"

"창고에 널려 있는 사용하지 않는 농기계, 쌓여 있는 포장자재, 반품되어 온 농산물, 팔리지 않고 잠들어 있는 냉동창고 속의 표고버섯등 셀 수 없이 많습니다. 받지 못한 외상대금은 물론이고요."

예사로 보아 오던 것들이 모두 군살덩어리이고 때였던 것입니다.

"또 있습니까?"

"이것뿐이 아닙니다. 더 많이 있습니다."

"어디에서 찾을 수 있습니까? 창고는 한 곳밖에 없습니다만?"

"그건 아주 작은 부분입니다. 매처럼 높이 날아서 숲을 보라고 한 말 기억하지요? 그 숲 속으로 들어가면 숨은 그림을 찾을 수 있습니다. 재무상태표를 만들어 보면 많이 찾을 수 있습니다. 재무상태표는 어느 한 시점의 자산·부채·자본의 재무상태를 나타내는 재무제표입니다. 과거에는 대차대조표라고 불렀지만 명칭이 바뀌었습니다."

"재무상태표가 대차대조표의 새로운 명칭입니까?"

"그렇습니다. 재무상태표라고 부르는 것이 더 바람직합니다. 회계에서 가장 중요한 것이 재무상태표 중심으로 생각하고 행동하는 것입니다."

이렇게 설명하면서 홍 교수는 노트에 네모난 그림을 그리고 복판에 세로로 줄을 긋습니다. 그림 위에 〈맨 처음 재무상태표〉라 쓰고 왼쪽에 현금, 오른쪽에 자본금이라 쓰고 설명을 계속합니다.

"경영체가 사업을 처음 시작할 때의 재무상태표는 이런 모습입니다."

"아주 간단하네요. 전체가 현금이고 전체가 자본금입니까?"

"재무상태표의 기본원리가 대차평균의 원리입니다. 재무상태표의 왼쪽(차변)과 오른쪽(대변)이 언제나 항상, 무조건 똑같은 금액이어야 한다는 것입니다. 재무상태표 왼쪽에는 자산을, 오른쪽에는 부채와 자본을 좌우 똑같은 금액이 평형, 균형을 이루게 하여야 합니다. 이렇게 강조하는 것은 회계공부 하다가 어렵고 안 풀릴 때마다 기억해야하는 원리이기 때문입니다. 처음 투자하는 현금을 재무상태표 왼쪽에, 그것과 똑같은 금액을 자본금(출자금)으로 오른쪽에 기록합니다."

① 〈맨 처음〉

재무상태표
(20XX년 XX월 XX일 현재)

XX농장 　　　　　　　　　　　　　　　　　　　　　　　 금액단위 :　 원

자 산	자 본
현 금　　10,000,000	자 본 금　　10,000,000

"현금은 즉시 현금으로 바꿀 수 있는 예금을 포함하여 '현금'이라고 합니다. 자본은 대출 받은 타인자본과 출자자로부터 받은 출자금인 자기자본으로 구성되어 있습니다. 사업을 하자면 사무실 집기랑 원

재료 등 유동자산과 기계장치 등 고정자산을 구입해야겠지요? 현금을 지급하고서 말입니다. 현금이 모습을 바꾸기 시작하는 것입니다. 바꾸어 말하면 유동자산이나 고정자산은 현금이 모습을 바꾸고 있는 다른 모습인 것입니다. 현금이 빠진 것만큼 다른 자산이 현금 대신 들어왔습니다."

"모든 자산이 그냥 현금이네요?"

"이를테면 경영체의 모든 자산은 현금의 다른 모습인 것입니다. 경영에서 많은 의사결정을 할 때 중심이 되는 개념이니까 잘 기억해 두십시오."

조 감사는 노트에 꾹 눌러 중요 표시를 하고 재빨리 메모를 합니다.

② 〈변화하는〉

재무상태표
(20XX년 XX월 XX일 현재)

XX농장　　　　　　　　　　　　　　　　　　　　　금액단위 :　원

자 산		자 본	
현 금	8,000,000		
원재료	500,000		
사무용집기	500,000	자 본 금	10,000,000
기계장치	1,000,000		
자산합계	10,000,000	자본합계	10,000,000

③ 〈더 많이 변화한〉

재무상태표

(20XX년 XX월 XX일 현재)

XX농장　　　　　　　　　　　　　　　　　　　　　금액단위 :　원

자 산		부 채	
현금 및 예금	X X X X	외상매입금	X X X X
외상매출금	X X X X	단기차입금	X X X X
재 고 자 산	X X X X	장기차입금	X X X X
유동자산합계	X X X X	부채합계	X X X X
공장기계	X X X X	출 자 금	X X X X
토지건물	X X X X	자본잉여금	X X X X
		이익잉여금	X X X X
비유동자산합계	X X X X	자본 합계	X X X X
자 산 합 계	X X X X	부채·자본합계	X X X X

현금 ▶ (현금 및 예금)

미래현금후보
현금창출박스
내부 (외상매출금, 재고자산)

현금창출박스 (공장기계, 토지건물)

거래처 ◀ (외상매입금)

은행 (단기차입금, 장기차입금)

출자자투자 (출자금, 자본잉여금)

농장이익 ◀ (이익잉여금)

• **대차평균의 원리** : 회계의 본질은 자산의 합계가 부채 및 자본의 합계액과 일치한다는 대차평균의 원리에 있습니다. 회계를 공부하면서 어려움을 겪을 때마다 대차평균의 원리를 기억하십시오.

현금창출박스의 숨은 그림

경영체는 현금을 이용해서 현금을 창출하는 존재이며 그 활동을 표시한 것이 재무상태표라는 것입니다. 재무상태표는 왼쪽의 자산, 오른쪽의 자본과 부채로 구성되어 있으며, 좌우 금액의 합계가 마치 양팔저울처럼 균형을 이룹니다. 왼쪽에는 '현금'과 '현금창출박스의 내부', '현금창출박스'라는 숨은 그림들이 자리하고 있습니다. 그리고 오른쪽에는 현금의 조달원천이 어디인지를 나타냅니다.

홍 교수는 노트에 구멍이 뚫린 박스를 그리면서 설명합니다.

"재무상태표 왼쪽에는 계속 회전하며 현금을 만드는 박스가 숨어 있습니다. 이 박스는 건물·공장·농기계 등 고정자산입니다. 그 안에는 현금, 원재료, 농산품, 외상매출금 같은 유동자산이 들어 있습니다. 이런 고정자산이나 유동자산은 현금이 모습을 바꾸고 있는 다른 모습이라 할 수 있습니다. 고정자산은 오랫동안, 유동자산은 짧은 시간 현금이 아닌 다른 모습으로 모양을 바꾸고 있습니다. 이 박스의 투입구에 현금을 넣으면 더 많은 현금이 창출되어 출구로 나옵니다. 이러한 시스템을 현금을 불려주는 현금창출박스라 부릅니다. 사업이란 현금을 이용해서 새로운 현금을 벌어들이는 것이라고 한 것을 기억합니까?

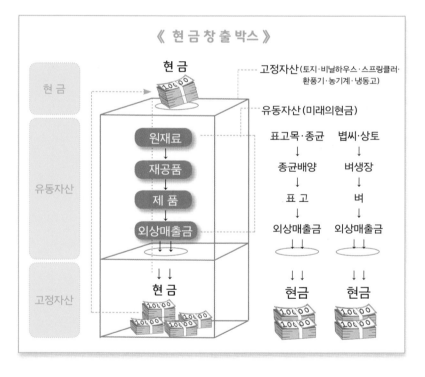

경영체는 현금을 투입해서 몇 개 과정을 거쳐 새로운 현금을 만들어내는 순환을 계속합니다. 예를 들어 도원농장의 표고 생산과정을

봅시다. 비닐하우스·스프링클러·환풍기 등은 현금창출박스(고정자산)입니다. 현금을 지불하고 구입한 표고목, 종균(원재료)을 그 안에 투입하면 종균배양(재공품), 표고버섯(제품), 외상매출금의 과정을 거쳐 더 많은 현금이 창출되어 박스 아래에 뚫린 구멍으로 빠져나옵니다. 이 현금 중 일부는 다시 현금창출박스 윗구멍으로 투입되어 순환활동을 계속하게 됩니다. 이를 영업순환과정이라 합니다.

현금 →	표고목·종균 →	종균배양 →	표고버섯 →	외상매출금 →	현금 →

현금 →	볍씨·모판·상토 (원재료)	벼생장 → (재공품)	벼 → (제품)	외상매출금 →	현금

이 현금창출박스가 너무 크거나 군더더기가 많으면 잘 돌아가지 않습니다. 그리고 유지비도 많이 들게 됩니다."

생각해 보면 창고 속에 잠자고 있는 수많은 대형 소형 농기계들이 모두 현금을 만드는 현금창출박스란 뜻이 아닌가? 그런데 이런 것들이 이용되지 않고 창고에 쌓여 있기만 한다면 현금창출에 전혀 기여하지 못한다는 뜻이 아닌가?

> ※ 재고자산의 구분
> 상품 : 사업체가 정상적인 영업과정에서 판매를 목적으로 구입한 것
> 제품 : 사업체가 판매를 목적으로 제조한 생산품
> 반제품 : 자기가 제조한 중간 제품과 부품 등
> 재공품 : 제품의 제조를 위하여 제조과정에 있는 제품
> 원재료 : 완제품을 제조, 가공할 목적으로 구입한 원료와 재료

조만수 씨는 농기계 창고 속에 잠자고 있는 대형농기계를 생각해 봅니다. 창고 속은 웬만한 농기계 대리점 수준입니다. 농기계를 좋아해 성능 좋은 새 모델만 나오면 쓰던 농기계에 싫증을 느끼고 새로 구입합니다. 같은 종류 비슷한 성능의 대형농기계도 여럿입니다.

어떤 때는 전액 대출받아 장만한 경우도 있습니다. 필이 꽂히면 밤새워 참지 못할 만큼 새 농기계에 집착합니다. 대출을 받아서 구입한 농기계가 현금창출박스 노릇을 하지 않고 잠자고 있다면 현금을 버리고 있는 것과 같은 것이 아닌가?

'현금창출은 커녕 이자로 현금을 까먹고 있었던 거야!'

현금을 이용하여 현금을 벌어들이는 것이 아니라, 현금을 낭비하는 경영을 하고 있었던 것입니다. 조만수 씨는 ㈜주리의 모습도 그려봅니다. 창고, 전시장에 널려 있던 재고품, 원재료 등을 쌓아둔 것은 말할 것도 없고 가공공장 생산라인도 거의 멈춰 있지 않았던가?

현금창출박스 기능을 하여야 할 고장자산들이 현금 만드는 일에 전혀 기여하지 못하고 있습니다.

"알았어. 현금창출을 하지 못하는 고정자산?"

조 감사는 무릎을 탁 쳤습니다.

"교수님! 구조조정이란 것이 현금창출을 하지 못하는 것을 정리하는 거군요?"

"맞습니다. 어떤 것은 자체 유지관리비도 충당하지 못하는 것도 있습니다. 그냥 보유하고만 있어도 현금의 낭비입니다. 이런 건 빨리 정리해야 합니다. 재무상태표에 있는 계정과목과 자산목록 대장을 보면서 불필요한 자산목록을 만들어 보십시오. 상상 이상으로 많을 겁니다."

조 감사는 얼른 노트에 중요 표시를 하고 메모를 합니다. 이제 무언가 조금씩 손에 잡히고 눈을 떠가는 느낌입니다.

"다음은 현금창출박스 안쪽의 현금 투입구부터 볼까요? 여기에 있는 자산은 유동자산이라고 합니다. 현금이랑 현금이 되기 바로 전의 상태에 있는 자산들이 있습니다. 현재의 현금이랑 미래의 현금입니다. 여기에 있는 자산들은 계속해서 움직이고 순환하면서 현금으로 바뀌게 됩니다. 원재료 등 재고자산과 외상매출금은 미래의 현금 후보들입니다. 이들은 가까운 시일 내에 현금으로 바뀔 예정인 자산입니다. 재고자산과 외상매출금은 원래 천사의 모습이어야 정상적입니다. 현금으로 순환하는 속도가 빠르게 움직이는 게 천사의 모습인 것입니다. 어떤 것들은 악마나 마귀의 모습을 드러내는 것도 있습니다. 시간이 흘러도 움직이지 않는 재고자산은 쉽게 현금으로 바뀌지 않으므로 강제로 현금화해야 합니다. 또한 오래된 외상매출금도 빨리 현금으로 돌려놓아야 합니다. 마귀는 쫓아내야겠지요?"

"재고자산과 외상매출금은 적을수록 좋겠습니다."

재무상태표의 왼쪽에 표시하는 고정자산은 현금을 창출하는 박스 역할을 충실히 해야 하고, 유동자산은 쉬지 않고 빠르게 순환과정을 거치면서 투입된 현금은 새로운 현금으로 창출됩니다. 현금창출박스에 투입한 현금과 경영체로 회수한 현금의 차액이 이익입니다. 현금은 현금창출박스 내부를 쉬지 않고 돌면서 점점 증가합니다. 그렇지만 현금이 언제나 증가하기만 하는 것은 아닙니다. 현금창출박스 속에 재고자산과 외상매출금이 순환하지 못하고 쌓여 있으면 이익이 늘어나도 현금은 오히려 줄어들기도 합니다.

'맞아! 현금은 물론 모든 자산은 본래의 모습인 현금의 창출에 기여하든가 아주 빠르게 현금으로 되돌려져야 하는 것이 경영의 기본 바탕임을 알 것만 같다'

하나씩 깨달아 가는 조 감사를 흐뭇하게 보면서 홍 교수의 강의는 계속됩니다.

06

재무상태표의 오른쪽

지금까지는 재무상태표 왼쪽을 보았으니 오른쪽을 볼까요?

"재무상태표의 왼쪽에 표시한 것은 현금과 현금이 모습을 바꾼 자산이라고 합니다. 재무상태표 오른쪽에는 그 현금을 구한 곳이 어딘지 즉 자금을 조달한 원천이 어딘지를 나타내 줍니다.

자금을 조달하는 원천은 네 군데입니다. 첫째로 외상매입금으로서 거래처에 지급을 보류한 금액, 둘째로 은행으로부터 조달한 차입금입니다. 이 두 가지는 언젠가 갚아야 하기 때문에 타인자본이라고 합니다. 셋째로 출자자가 출자한 자금은 자본금과 자본잉여금으로, 넷째로 경영체가 벌어들인 이익은 이익잉여금으로 분류합니다. 이 두 가지는 자기자본이라고 합니다."

"오른쪽 자금조달 원천에서도 현금을 창출합니까?"

"현금창출은 재무상태표의 왼쪽에서만 일어납니다. 그래서 왼쪽을 자금의 운용란이라고 합니다. 왼쪽에서 일어난 결과를 오른쪽에 표시합니다. 사업의 결과를 이익이라고 하지요? 재무상태표 오른쪽 맨 아래에 숨어 있는 이익은 왼쪽의 자산운용 결과인 성적표인 셈입니다. 현금창출박스가 얼마나 열심히 작동했는지를 측정하는 성적표입니다. 오른쪽 맨 아래에 표시합니다."

"이익이 사업의 결과라면 그 만큼 현금을 벌어 들였다는 뜻입니까?"

"이익은 현금창출박스가 얼마나 가치를 창출했는지 표시한 것입니다."

의문을 가지고 재무상태표 그림을 보니 서로 반대편에서 마주 보고 있습니다. 현금은 왼편 맨 위에, 이익은 오른편 맨 아래에 표시되어 있습니다. 따로따로 별개로 표시되어 있습니다. 현금창출박스의 성과인 이익과 새롭게 증가한 현금은 별개라는 사실을 알 수 있습니다.

"현금창출박스가 잘 돌아가서 이익이 많이 났어도 그 만큼 현금이 늘어나지는 않습니다. 그 이유는 차차 배우게 됩니다."

제**3**장

까만 통
빨간 통의 비밀

07

풋내기라고 깔보다

홍 교수를 만나 새로운 세상을 맛본 조만수 씨는 어쩐지 출세한 기분입니다.

홍 교수를 만난 게 너무나 큰 행운을 잡은 것처럼 마음 든든하고 누구에게든 자랑하고 싶어집니다.

예전에 못 느끼던 뿌듯함입니다.

홍 교수를 만난 후 ㈜주리에 갔더니 모든 게 새롭게 보입니다.

전시장에 진열한 제품들도 현금이 일시적으로 형태를 바꾼 모습으로 보이고, 곳곳에 쌓여 있는 재고품들은 외상매출금이 되지 못해 버려진 패잔병처럼 보입니다.

대형 창고 안에는 포장용 박스가 산더미처럼 쌓였고, 반품되어온

서너 무더기의 표고 가공제품이 내팽개쳐 있듯이 나뒹굴어 있습니다. 콩 자루, 마른표고 컨테이너 상자, 전통주 빈병, 포장 박스, 빈 마대자루 등도 어지럽게 널려 있습니다. 저런 것들이 모두 현금으로 버려진 것입니다.

구석에 가래떡 만드는 가공 라인만 그나마 돌아가고 나머지 기계는 먼지를 쓴 채로 그냥 서 있습니다. 수리 중인 곳도 있고, 어떤 라인에서는 현장에서 회의 중입니다. 배운 대로라면 현금창출박스가 돌아가지 않는 게 아닌가? 현금이 낭비되고 있는 게 아닌가? 그런데 창고와 마당에 제품 재고가 산더미처럼 쌓여 있는 것이 가장 눈에 거슬립니다. 재고자산은 끊임없이 흐르고 움직여야 한다고 하지 않았는가? 재고자산은 현금이 형태를 바꾼 다른 모습인데 현금이 그냥 버려진 모습이 아닌가? 현금이 낭비되고 버려져 있으면 자금사정이 좋을 리가 없지 않은가? 요즘 자금사정이 안 좋다는 대화 내용을 어렴풋이 알 것 같은 생각이 듭니다. 무심코 보이던 공장 내부를 현금으로 바꾸어 바라보게 되니까 한 가지 의문이 생깁니다.

이런 환경에서 어떻게 이익을 낼 수 있을까?

오늘은 임직원 확대간부회의가 있는 날입니다. 회의 분위기는 썰렁하기 그지없습니다. 창업주인 최규식 회장이 무겁고 짜증 섞인 음성으로 말을 꺼냅니다.

"경리부장은 주리의 자금 사정에 대하여 설명해 주십시오."

"당장 대출금 이자 지연된 것을 해결해야 하고, 직원 급여 밀린 금액도 꽤 됩니다. 원재료 구입비와 급하게 구입해야할 자재비도 밀려 있습니다. 전체 필요한 자금 3억8천만 원 중 현금 잔액은 3천만 원 뿐입니다. 당장 필요한 운전자금은 3억5천만 원 정도 부족합니다."

"작년 결산에서 순이익이 몇 억씩이나 났고 배당도 멀쩡히 하면서 운전자금이 부족한 원인이 무엇입니까? 누구 대답 좀 해 보세요."

"팔리지도 않는 제품을 너무 많이 만들어 재고가 쌓였기 때문입니다."

"잘 만들어 놨으면 왜 안 팔렸을까? 품질이 나빴기 때문입니다."

"자금 수급계획을 엉터리로 세워서 차질이 생긴 건 아닐까요?"

서로 남 탓만 하면서 핏대를 올리며 책임을 떠넘기기에 바쁩니다.

이때입니다. 조직 내 실권자인 박보영 재무담당 이사가 탁자를 탁 치면서 벌떡 일어서며 흥분합니다.

"말씀들 좀 가려서 하세요. 무엇이 엉터리란 말입니까? 자금 수급 계획은 생산과 판매 계획을 감안해서 달성가능하다고 판단되는 수준을 연간 자금수급계획으로 세우고 그것을 근거로 분기별 월별 자금 수급계획을 세운 것입니다. 제품도 잘 만들지 못했고, 판매 영업도 게을렀던 탓입니다."

서로 남 탓만 하는 회의입니다.

회장뿐 아니라 임원들 간부들은 조만수 신임 감사는 안중에도 없습니다. 다만, 경리부장인 손학두 씨가 힐끗 조 감사를 보면서 말합니다.

"신임 감사님께서 한 말씀 해주십시오. 아무 말씀이든지요."

모든 시선이 조만수 씨에게 쏠립니다. 조만수 씨가 자리에서 천천히 일어서며 더듬더듬 말합니다.

"저는 아직 잘 몰라서 특별히 할 말은 없습니다. 다만, 이익과 현금은 따로따로 별개가 아닌가요? 회의 내용을 잘 모르겠습니다만……"

홍 교수에게서 재무상태표 구조를 배우면서 얼핏 들었던 것이 기억난 것입니다. 웅성웅성하면서 모두들 조롱하며 비웃는 것 같아 얼굴이 화끈거립니다. 재무담당 박 이사가 놀리듯 묻습니다.

"이익과 현금이 별개이면 이익을 많이 내봐야 별 볼 일 없다는 뜻입니까? 순이익의 뜻이나 알고 하는 말씀입니까? 순이익이 무어라 생각합니까?"

"……"

이건 분명히 조 감사를 깔보고 기를 꺾으려는 속셈이 보이는 발언입니다. 아직 실력이 없는 조 감사는 그냥 꾹 참을 수밖에 없습니다. 그런데 박 이사가 말뚝이라도 박아야겠다고 작심한 듯 또 묻습니다.

"기왕에 얘기 나온 김에 하나 더 물어봅시다. 감사에 취임하였으니 말입니다만, 감사가 할 일이 무엇이라고 생각합니까? 그냥 자리나 지키려는 건 아니겠지요?"

조만수 씨는 아까보다 더 더듬거리면서 어눌하게 말합니다. 그는 원래 또렷이 말하는 편이지 어눌하게 더듬거리는 말투가 아닙니다. 일부러 그렇게 말하는 듯 보입니다. 쇼인지도 모를 일입니다.

"저는 아직 잘 모릅니다만……"

잠시 말을 끊습니다. 모든 시선이 조만수 씨에게 쏠립니다.

"저는 잘 모릅니다만……, 감사가 할 일은 주리의 결산서 내용이, 그러니까 에, 그러니까 정확하고 올바른지 판단해야 합니다. 그러기 위해서 특히 재고관리가 잘 되고 있는지, 외상매출금 회수는 잘 되고 있는지, 매출 누락은 없는지 등을 살펴봐야 한다고 생각합니다.

에에……, 그러니까 그래야 직원의 부정도 방지할 수 있습니다. 에에……, 그러니까 그리고……, 현금이 흘러 다니는 길목도 알고 있어야 합니다. 에에, 그리고, 또, 뭐 그렇습니다."

홍 교수에게서 배운 걸 노트에 적었다가 몇 번이고 읽어본 내용입니다. 분위기가 웅성웅성합니다. 박 이사가 말을 잇습니다.

"그럴 실력이나 됩니까? 오지랖 그만 떨고 분수껏 행동하십시오. 감사 자리가 조자룡 헌 칼이라도 채워주는 줄 아십니까?"

경리부장이 어색한 분위기를 추스르려는 듯 말합니다.

"신임 감사님께서 저희 주리의 감사업무를 잘 처리해 주시리라 기대합니다."

손학두 경리부장은 조만수 씨가 감사로 선임되었을 때 필요한 자료를 자세하게 챙겨주면서 친절하게 안내하였던 간부직원입니다. 조직 내 인간관계도 원만하고, 업무능력도 뛰어난 것 같고 필요한 정보도 많이 알고 있습니다. 조 감사는 손학두 경리부장이 좋은 인재일 거라면서 눈여겨 봅니다.

흑자와 적자의 의미

이번 강의는 도원농장에서 하기로 했습니다. 아내인 정 여사가 미안한 것도 있고 자기 음식 솜씨도 뽐낼 겸 농장으로 홍 교수를 초대한 것입니다. 생표고버섯과 생태를 넣고 고추장으로 양념한 요리가 보기에도 멋지고 맛 또한 일품입니다.

"훌륭한 맛입니다."

홍 교수가 진심으로 칭찬합니다.

"교수님, 확대간부회의에서 감사로서 할 일을 어느 임원이 물어서 교수님한테 배운 걸 대답하기는 했습니다만, 순이익이 무엇인지 물을 땐 숨이 컥 막혔어요. 그런데 주리가 이익을 많이 냈는데도 여러 가지로 어려워하는 것을 이해할 수 없습니다."

"그 이익을 내기 위한 과정 속에는 여러 가지 사정이 있을 수 있습니다. 조 감사가 보고 있는 결산서에서 숨은 그림도 찾고, 눈속임 그림을 찾을 줄도 알아야 합니다. 다른 각도에서 볼 줄 알아야 합니다."

"경영체는 이익을 많이 올리는 게 목적이잖습니까?"

"맞는 말이기는 한데 반드시 그런 것만은 아닙니다. 차차 배우게 됩니다. 지난번에 재무상태표를 배웠으니까 이번에는 손익계산서를 살펴볼까요? 손익계산서는 일정기간 동안 경영체가 달성한 경영 성과를 나타내는 보고서를 말합니다. 손익계산서를 보면 그 경영체의 사업 규모를 알 수 있습니다."

홍 교수는 노트에 빈 원통 두 개씩 두 쌍을 그립니다. 각각 하나는 까만색으로 칠한 까만 통, 또 하나는 빨간색으로 칠한 빨간 통입니다.

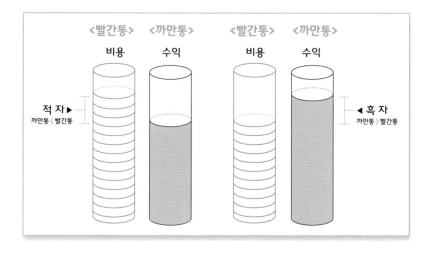

"손익계산서 속에도 숨은 그림이 있고 눈속임 그림도 있고, 이야깃거리도 있습니다."

어느 조미료 회사의 사례를 이야기해 보겠습니다.

조미료를 판매한 수익은 까만 통에 넣고, 비용은 빨간 통에 넣으면서 사업을 하고 있습니다. 매출이 자꾸 떨어지면서 빨간 통이 까만 통보다 더 많아져서 그 차이만큼 적자가 생깁니다. 날이 갈수록 적자규모가 점점 커집니다. 그래서 긴급대책회의가 열립니다.

"어떻게 하면 조미료를 많이 사용하게 할 수 있을까?"

우수한 사원들이 모여서 온갖 아이디어를 짜내고 시험해 보았지만, 한 번 꺾인 매출은 상승의 기미가 보이지 않습니다. 바로 그때, 한 사원이 이색적인 아이디어를 제시합니다.

"조미료 통의 구멍 크기를 두 배로 하면 어떨까요?"

그 기발한 아이디어는 곧바로 실행에 옮겨졌고 그 결과 매출이 배로 늘었다고 합니다. 회의에서 물음은 남들과 달랐던 것입니다.

즉, '어떻게 하면 매출이 늘 것인가?'가 아니고 '어떻게 하면 좀 더 빨리 조미료를 사도록 만들 수 있을까?' 하고 물음을 바꿔 물은 것이 비법인 것입니다. 매출이 늘면서 이번에는 까만 통이 빨간 통보다 더 많아져서 그 차이만큼 흑자가 생깁니다.

이익은 흑자, 손실은 적자입니다.

"이익 또는 손실은 이 두 통의 차이처럼 계산 후 차액 개념입니다."

"이익은 스스로 계산된 것이 아니군요?"

"이익은 스스로 계산돼 있는 숫자가 아니라, 수익과 비용이 얼마인지 알고 난 후에 그 차액을 계산해 봐야 알 수 있는 게 이익입니다. 비용이 먼저 발생한 후에 수익이 발생하기 때문에 어느 시점을 기준으로 하느냐에 따라서 이익의 크기도 달라집니다."

어떻게 남았는지
손익계산서는 알고 있다

"재무상태표에서도 순이익이 계산되지 않습니까? 수익에서 비용을 뺀 순이익이랑 다른 금액입니까?"

"재무상태표의 순이익을 나타낸 과정 명세를 손익계산서에서 나타냅니다. 계산방법이 다를 뿐 금액은 언제나 같은 금액이어야 합니다."

"힘들게 따로따로 계산할 필요가 있습니까?"

홍 교수가 멈칫합니다. 당연한 질문이지만 날카롭기 그지없습니다.

"재무상태표는 '일정시점'의 재무상태를 보고하는 것이고, 손익계산서는 '일정기간' 동안의 경영성과를 나타내는 것이라고 했지요? '시점'과 '기간'이라는 두 재무제표의 특징 때문에 이 둘은 항상 붙어다닐 수밖에 없습니다. 기초 시점의 재무상태가 기말 시점의 재무상태로 변화하는데 그 과정을 알려주는 것이 손익계산서인 것입니다.”

“고스톱 칠 때 ‘스톱!’ 하고 점수 계산하는 건 재무상태표, ‘스톱!’ 할 때까지 열심히 점수 올리는 건 손익계산서이겠네요?”

홍 교수가 감탄합니다.

“비유 좋은데? 스톱을 외치는 오너의 경우에 딱!”

조 사장은 괜히 기분이 좋아집니다.

“재무상태표, 손익계산서는 서로 붙어 있어야 제구실을 할 수 있다는 뜻입니다. 이렇게 재무상태표와 손익계산서에서 순이익을 계산했다고 해서 그것이 진실하다고 할 수는 없는 게 문제입니다. 어떤 경영체는 이익을 많이 낸 것처럼 결산서를 만들고, 어떤 경영체는 이익을 줄여서 결산서를 만들기도 합니다. 자의성이 들어가는 것을 인정하는 것이 회계의 한계입니다.”

“주리의 결산서도 믿을 게 못 된다는 뜻이네요?”

“믿지 못한다는 것보다는 회계가 품고 있는 성격이 그렇다는 것입니다. 전적으로 결산서의 수치를 믿어서는 안 된다는 것입니다.”

“㈜주리는 이익을 많이 냈으니까 튼튼한 경영체인 줄 알았습니다. 해마다 흑자결산하고 배당도 꼬박꼬박 해 왔으니까 말입니다.”

“결산서에 눈속임 그림이 있었을 겁니다.”

“눈속임 그림이라고요?”

홍 교수가 그림 하나를 보여줍니다. 한 여자라고 짐작되는 그림입니다. 그냥 보기에는 젊은 여자의 모습처럼 보였지만, 유심히 살펴보니 늙은 할머니의 옆모습으로도 보이는 것입니다.

“젊은 여자와 늙은 할머니의 눈속임 그림입니다.”

"이 그림이 회계와 어떤 관계가 있습니까?"

홍 교수는 기다렸다는 듯이 설명을 이어 갑니다.

"결산서는 눈속임 그림이랑 비슷합니다. 회계의 방법에는 여러 가지 선택하는 방법이 있습니다. 회계 담당자는 그 방법을 그럴싸하게 꾸며서 좋은 업적을 표시하는 결산서를 만들려고 합니다. 추한 여자 얼굴에 화장품 바르듯이 말입니다."

"결산서가 진실한 서류인 줄 알았습니다."

조만수 씨는 경영체에서 작성한 결산서류는 있는 그대로 진실만을 써 놓은 것인 줄 알았습니다. 결산서가 여자 화장하듯이 본래의 모습이 아니라면 있는 그대로 믿을 수 없다는 것이 아닌가?

"회계에는 여러 가지 규칙이 있습니다. 여러 사람들이 옳다고 보통으로 인정하는 회계처리 방법을 정해 놓은 것을 기업회계기준이라고 합니다. 일반제조업이나 판매·서비스업은 그 기준에 따라 회계처리를 합니다. 농업분야의 경우에는 농림축산식품부에서 별도로 농업회계처리준칙을 제정해서 이에 따라 회계하도록 권고하고 있습니다. 어느 경우이든지 절대적인 진리를 추구하는 것이 아니라 정해진 규칙 속에서 상대적인 진실을 추구하는 것입니다."

조 감사는 생각합니다. 회계서류는 있는 그대로 표현하면 될 텐데 무슨 이유로 숨기고 속이는 내용이 들어가는 것인지 이해할 수 없습니다.

"회계가 순 엉터리 덩어리군요."

"다시 말하지만, 회계가 엉터리라는 게 아니라 회계의 본래 성격이 그렇다는 뜻입니다. 회계처리에는 여러 가지 방법이 있는데 한 번 선택해서 사용하는 회계처리 방법을 맘대로 바꾸지 못하도록 권유하고 있습니다. 멋대로 경영체의 주관이 개입되면 객관적인 경영성적을 나타내지 못하게 됩니다. 그래서 기업회계기준을 정해 놓고 그 범위 내에서 회계처리 하도록 규정하고 있는 것입니다."

결국 기업회계기준이나 회계준칙에서는 한정된 회계처리방법으로 경영체의 회계 내용을 표현하고자 하기 때문에 경영체의 실제 모습과 비슷한 내용밖에는 나타내지 못하는 한계가 있다는 것입니다. 또한 회계기준에서는 추정해야 하는 비용(감가상각비·대손추정비·퇴직급여금 등)에 대하여 경영체의 자의에 맡깁니다. 여기에서도 주관이 개입하게 됩니다.

"결산서를 그대로 믿어서는 안 된다는 의미입니까?"

"결산서에는 주관이 많이 개입합니다. 그 주관에 따라 결산내용이 달라질 수 있습니다. 그래서 결산서는 진실과 비슷한 요약서류에 불과하다고 할 수 있습니다. 말하자면 회계수치나 결산서는 눈속임 그림과도 같다고 할 수 있습니다. 그래서 결산서류를 볼 때 일단은 의심을 가지고 볼 필요가 있습니다. 눈속임 그림을 그대로 믿어 버리면 말 그대로 속고 말게 됩니다. 속으면 낭패 아니겠습니까? 꼭 믿을 수 있는 진실만은 아니라는 것을 명심해야 합니다. 숨은 그림을 찾으면 그 뒤에 숨어있는 숫자의 비밀을 풀 수 있습니다."

"이익을 확인할 수 있습니까? 이익을 아직 잘 모르겠습니다."

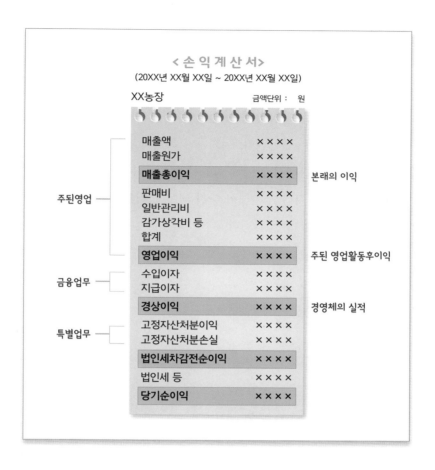

＜ 손 익 계 산 서 ＞

(20XX년 XX월 XX일 ~ 20XX년 XX월 XX일)

XX농장   금액단위 : 원

매출액	××××	
매출원가	××××	
매출총이익	**××××**	본래의 이익
판매비	××××	
일반관리비	××××	
감가상각비 등	××××	
합계	××××	
영업이익	**××××**	주된 영업활동후이익
수입이자	××××	
지급이자	××××	
경상이익	**××××**	경영체의 실적
고정자산처분이익	××××	
고정자산처분손실	××××	
법인세차감전순이익	**××××**	
법인세 등	××××	
당기순이익	**××××**	

주된영업 — (매출액 ~ 영업이익)
금융업무 — (수입이자 ~ 지급이자)
특별업무 — (고정자산처분이익 ~ 고정자산처분손실)

　"이익은 숨겨진 그림과 같습니다. 계산상 숫자일 뿐이지 형태를 확인할 수 있는 건 아닙니다. 경영체의 이익은 몇 가지 단계로 나누어 계산합니다."

　조만수씨는 평소에 궁금해 하던 것을 '그래 이때다' 라는 생각으로 묻습니다.

　"수익에서 비용을 빼면 이익이 계산되는데 굳이 몇 가지 단계로 나누어 계산해야 하는 지 궁금했습니다. 벌어들인 총수익에서 사용한 총비용을 빼면 순이익이 아닌가요?"

"단순히 얼마 남았는지 계산하려면 그렇게 해도 되겠지만, 주로 하는 영업에서 생긴 수익과 비용은 얼마인지, 본래의 영업외 활동에서 생긴 수익과 비용은 얼마인지, 어쩌다가 특별히 생긴 수익과 비용은 얼마인지 등을 구분해서 알아야 영업실적을 따져 볼 수가 있는 것입니다. 영업활동에 따라 구분해서 따져 봐야 경영자의 판단을 뒷받침하는 자료를 제공할 수 있습니다."

제4장

이익이 생겼는데
왜 현금이 없을까?

10

얼떨결에 앉은 사장 자리

홍 교수가 일본과 미국에서 열리는 현금창출회계 학술세미나를 위하여 떠난 지 2개월이 지났습니다. 그동안 도원농장에는 많은 변화가 일어납니다. 농기계 창고를 정리하면서 조만수 씨는 스스로를 돌아다봅니다.

'내가 이렇게 엉터리였단 말인가?'

한 두 번 쓰고 그냥 둔 것은 그래도 좀 나은 편입니다. 한 번도 사용하지 않고 구입할 때 그대로 세워둔 콤바인이랑 승용이앙기 3대랑 부속 트레일러들이 특히 눈에 띕니다. 디자인 멋있고 성능 좋으면 허겁지겁 사들였던 것들입니다. 이런데도 최근에는 농업용 드론을 사고 싶어 알아보고 있는 중이었습니다. 목록을 작성하고 구입시 가격을 따져보니 수억 원입니다.

'현금이 녹슬고 있었던 것입니다!'

그 중에는 농기계 값 전액을 대출 받아 산 것들도 있어서 대출금 이자조차도 못 벌어들이는 대형농기계들도 있습니다. 그야말로 현금이 썩고 있는 창고인 셈입니다. 현금이 형태를 바꾼 다른 모습의 농기계를 사용하지 않는다면 빨리 원래의 모습인 현금으로 되돌려야 합니다. 표고 재배 비닐하우스 밖에는 표고목이 2년째 쌓여 있고, 냉동창고 속에는 표고, 잡곡 등이 박스 채 자루 채 가득 쌓여 있습니다. 이런 것들이 모두 은행 예금과 마찬가지로 현금의 일시적인 모습인 것입니다. 이런 것들은 더 빨리 현금화해야 합니다.

꼼꼼히 명세를 작성합니다. 지금 도원농장에서 재배하는 품목이랑 영농규모는 다음과 같습니다.

〈도원농장 영농규모〉

(단위 : 백만원)

경작품목	경작규모	연간평균수익	비고
벼	6,000평	26	
인삼	1,000평	20	1년/6년
표고	50평×5동	200	
한우	20두	36	1년/2.5년

경작 품목별로 확대할 것인지, 축소하거나 폐쇄할 지는 시간을 두고 결정할 계획입니다.

자유롭게 살고 싶다는 정 여사는 읍내에 '표고·생태 매운탕'집을 개업하고 취미생활도 하고 봉사활동도 하면서 살겠다고 독립을 선언합니다. 표고와 생태를 고추장으로 버무려 개발한 5천 원짜리 표고·생태 매운탕은 평판이 아주 좋습니다.

㈜주리에는 광풍이 휘몰아칩니다. ㈜주리의 창업주인 최규식 회장은 자금 횡령 및 배임 혐의로 구속되고, 감사이던 조만수 씨가 대표이사 겸 사장으로 취임합니다. 조만수 사장은 취임하자마자 현금창출에 기여하지 못하는 고정자산을 재무상태표 잔액과 재산목록대장을 비교하면서 명세서를 작성합니다. 홍 교수에게 배운 대로입니다. 본인 농장에서 한 번 경험한 것이어서 일사천리로 진두지휘합니다

스스로 고강도 구조개혁을 시작하려는 것입니다. 늘 생각하던 바입니다. 가공공장 생산라인 중에서 가장 한산한 라인 순서로 리스트를 만들고 작업이 미진한 이유와 폐지하는 경우의 문제점을 임원·직원들과 토론을 통하여 분석합니다. 주리의 구조조정 기초 작업을 어느 정도 진행할 때쯤 홍 교수가 귀국합니다.

11

자연산 송이술과 표태매운탕,
누가 더 많이 벌까?

"정 여사 돈 많이 벌고 있겠지요?"

귀국하자마자 소문을 듣고 온 모양입니다. '돈을 많이 벌어?' '이익을 많이 낸다든지 수익성이 높다든지'가 아니고 돈을 많이 버느냐고 묻고 있습니다. 현금 장사하니까 현금을 많이 벌고 있는지를 묻고 있습니다.

"시골 아줌마가 하는 장사가 얼마 되겠습니까?"

"그렇습니까? 주리에서 생산하는 자연산 전통송이주보다 정 여사가 돈을 더 잘 벌 텐데요?"

"공장에서 만드는 생산량이 얼마인데요? 게임이 되겠습니까?"

"내기 할까요? 저녁 사기로!"

조만수 사장은 속으로 곰곰이 계산하며 중얼거립니다.

명색이 회사 공장에서 생산하는 전통주보다 아내의 매운탕 장사가 더 돈을 많이 번다? 히히 내기하자고? 하면서 홍 교수의 강의를 듣습니다. 조 사장은 당연히 송이 전통주가 더 많이 번다고 생각하는 것 같습니다. 자연산 송이는 매년 9월 중순부터 한 달 동안만 생산되고 그 시기를 놓치면 품질이 떨어지고 값비싼 냉동품을 사야 하기 때문에 미리 수요량만큼 사 놓아야 합니다. 구입한 자연산 송이로 전통주를 만들면 1년 동안 판매하여 자금을 회수할 수 있습니다.

처음 투입한 송이 값은 1년이 지나면 모두 회수됩니다. 표태탕 원료인 표고와 생태는 연중 내내 쉽게 구할 수 있습니다. 표고는 농장에서 직접 준비할 수 있고, 생태는 매일 신선한 것을 어시장에서 삽니다. 생태가 없을 때는 가끔 동태를 녹여 쓸 때도 있습니다.

그날 쓸 것만 예상해서 생태를 구입하고, 그날 다 팔기 때문에 생태 재료비는 그날그날 회수됩니다. 생표고는 농장에서 가져오니까 그냥 공짜입니다. 송이전통주 직접재료비는 1년이 지나야 모두 회수되지만, 표태탕 직접재료비는 그날 바로 회수되는 셈입니다. 감이 잡히는 게 있습니까?

"그렇습니다. 자금이 묶여 있는 시간이 다릅니다. 재고의 순환 속도도 다릅니다."

"직접재료비로 투입한 현금이 더 큰 현금으로 창출되는 시간이 중요하군요?"

"맞습니다. 사업에서는 현금을 이용하여 새로운 현금을 창출하기까지의 시간이 중요합니다. 그 시간이 짧을수록 현금이 더 많이 쌓이는 것입니다. 정 여사는 적은 자금이지만 회전속도를 높여서 많은 돈을 벌 수 있지만 송이주에 투입한 자금은 1년 동안 잠자고 있는 셈입니다. 사업자 간에 외상으로 거래하는 경우에 현금 회수는 더 늦어질 수도 있습니다."

"매운탕이 이기겠는데요?"

"숫자로 계산해 보면 더 명확해 집니다."

매일 아침에 천 원짜리 생태 150마리를 사오고, 표태탕을 5천 원씩 150명의 손님에게 그날 저녁까지 모두 팔 수 있습니다. 송이는 1kg당 12만 원씩 100kg을 가을에 사서 송이주 1만병(병당 10g)을 만들어 한 병당 1만 원씩 모두 파는데 약 1년이 걸린다고 가정합니다.

처음 투자하는 직접재료비는 표태탕 15만 원(=1,000원×150마리), 이고, 송이주 1천2백만 원(=120,000원×100kg)입니다.

1년 350일 영업한다면, 표태탕은 2억1천만 원(=4,000원×150명 ×350일)의 현금을 새로이 창출하고, 송이주는 8천8백만 원(=1만원 ×1만병−1천2백만 원)의 현금을 새로이 창출합니다. 정 여사가 새로이 현금을 만든 액수가 송이주에서 새로이 만든 현금의 액수보다 더 큰 것을 알 수 있습니다.

물론 표태탕은 조미료 등 양념을, 송이주는 빈 병, 찹쌀, 누룩 등 다른 재료비를 감안하면 1천2백만 원이던 송이주의 직접재료비의 금액은 더 커지고 현금 액수의 차이는 더 커집니다.

투하한 자금이 정체되는 것도 비교해 봅시다. 표태탕 직접재료비 15만 원은 그날 현금으로 회수되니까 머무는 시간은 1일뿐이므로 1년간 5,250만 원(=15만원×350일), 송이주 직접재료비 1천2백만 원은 1년이 지나야 전액 회수되므로 50억4천만 원(=1200만 원×350×〈12/100원가율〉)의 자금이 정체됩니다. 송이주 판매에 외상매출금이 있는 경우에는 회수기간도 길어지고 정체금액도 더 늘어나서 경영의 압박 원인으로 작용합니다.

현금을 이용하여 더 많은 현금을 창출하기 위하여 표태탕과 송이주에서 배울 수 있는 것은 첫째, 현금회전율을 높여야 한다는 것, 둘째, 재료와 같은 재고의 정체 시간을 단축하여야 한다는 것입니다. 셋째, 현금 거래가 더 유리합니다. 표태탕은 외상이 없으나 송이주의 경우 거의가 사업자와의 거래이므로 외상매출금을 피할 수 없습니다. 그만큼 자금이 묶이게 됩니다.

정 여사의 표태탕처럼 적은 자금으로 자금의 회전속도를 높이면 돈벌이가 됩니다. 또한 재고회전이 잘 돼야 더 많은 현금을 창출할 수 있음을 알 수 있습니다.

홍 교수가 엉뚱한 방향으로 화제를 돌립니다.

"주리를 어떤 회사로 키우고 싶습니까? 생각해 본 적이 있습니까?"

"예, 돈 많이 버는 회사가 됐으면 좋겠습니다."

"솔직한 목표입니다. 그 목표를 달성하려면 어떻게 해야 할지 계획이 있습니까? 어떤 각오 같은 것도 좋습니다."

"적은 자금으로 자금의 회전속도를 높이도록 하겠습니다. 재고자산이 머물러 있지 않고 빨리 회전하도록 관리하겠습니다. 잘 될지 모르겠습니다만 간단한 사업규모로 쉽게 돈 버는 회사를 만들고 싶습니다."

"도원농장에서도 이 원리가 그대로 적용됩니다. 다른 사업장에서도 명심해야 할 원리입니다.”

“내기는 제가 졌습니다. 얘기 나온 김에 표태탕 맛보러 가시지요!”

정 여사의 표고생태탕 가게는 입구부터 농촌을 연상시키는 분위기로 멋을 냈습니다. 실내 홀에는 4인용 탁자가 12개, 안에는 긴 식탁이 4개씩 놓인 큰 온돌방이 두 개 있고 사이사이에 이동식 칸막이로 경계를 이루도록 꾸몄습니다.

점심때가 지난 시간이라서 식당 안은 한가합니다. 일전에 도원농장에서 먹었던 맛보다 좀 더 칼칼한 맛이긴 해도 정 여사의 생표고생태탕 맛은 일품입니다.

“맛나게 잘 먹었습니다.”

진심으로 칭찬하는 낮은 음성입니다.

“교수님, 더 멋져지셨어요.”

홍 교수는 멋쩍게 머리를 긁적이며 평소에 하지 않던 감각적인 말을 이어갑니다. 전혀 새로운 모습입니다.

“정 여사야말로 더 아름다워졌습니다. 블론디 헤어스타일에 원피스? 알프스 소녀가 귀환한 것처럼 눈부십니다.”

이 말은 빈말로 칭찬하는 게 아닙니다.

식당 주인은 얼굴도, 옷차림도, 매너도 함께 파는 것과 같은 것이라 해서 미장원에서 화장하고 가꾸고 차려 입은 것입니다.

홍 교수는 가게를 또 한 번 휘 둘러보면서 엉뚱한 질문을 합니다.

“이 가게는 임대료도 꽤 비싸겠지요? 중심가에서는 임대료가 비싸기 때문에 사업에 바위처럼 부담이 되기도 하겠습니다.”

“아직은 견딜 만합니다. 이 부근은 그래도 덜 비쌉니다.”

견딜 만하다는 것은 비싸기는 한데 매출 수익으로 그럭저럭 커버하고 있기는 하다는 뜻입니다. 홍 교수가 문득 생각난 듯 지나가는 말처럼 한마디 합니다.

"터전 넓고, 공기 맑고, 경치 좋은 도원농장에서 이런 식당을 하면 돈벌이가 더 잘될 텐데, 비싼 임대료도 없고……, 힘들게 벌어서 비싼 임대료로 지급하는 건 논리에도 맞지 않습니다."

홍 교수의 이 말을 들으면서 조만수 씨는 기껏 현금창출 해 봐야 임대료 받는 건물주의 현금창출에 기여하는 것밖에 더 되겠느냐는 생각을 합니다. 배운 게 자랑인 양 혼자 낄낄거리며 중얼거립니다.

"도원농장에서 생산하는 표고를 그 자리에서 따서 요리해 팔면 더 잘 팔릴 것입니다. 연관효과라는 게 있습니다. 농장, 식당 둘 다 잘 된다는 원리입니다."

홍 교수는 이어서 또 엉뚱한 질문을 합니다.

"정 여사께서 트럼펫 연주를 잘 한다고요?"

"누가 그래요? 잘 못합니다. 악기 놓은 지 오래 되어서 많은 연습을 하면 좀 어떨지 몰라도……"

이것은 연습하면 잘 불 수 있다는 뜻입니다.

말끝을 흐리면서 남편을 힐끗 쳐다봅니다. 악기 사겠다는데 왜 안 도와주었느냐는 원망도 섞여 있는 것입니다.

"트럼펫 실력 한 번 보고 싶습니다. 멋질 겁니다. 그렇습니다. 아까운 재주가 썩고 있습니다. 트럼펫 부는 정 여사 식당! 생음악 연주보다 더 진실한 서비스가 있겠습니까? 그림을 상상만 해봐도 평화의 나팔소리가 들리는 것 같잖습니까? 여유가 좀 생겨서, 힘든 이웃들

무료 식사봉사에 트럼펫 연주 곁들이면 농촌평화상 감입니다."

　간절히 소망하면 이루어진다는데 두고 볼 일입니다. 정 여사는 괜히 가슴이 벌렁벌렁해집니다. 조 사장은 그냥 귀찮다는 표정으로 창밖을 내다봅니다.

12

이익과 현금의 두 얼굴

조만수 사장에게 낯선 전화가 걸려옵니다. 내용은 이렇습니다.

주리의 최 회장이 주류공장 원료로 쓸 찹쌀을 시중보다 비싼 가격으로 전량 매입하겠다고 약속해서 그것을 믿고 찹쌀만 생산했는데 구입할 수 없다니 어쩌면 좋겠느냐는 것입니다.

사정을 알고 보니 콩·고추 등도 그런 사정이 있어서 헐값에 시중에 팔게 돼 손해를 본 농장들이 많았습니다. 주류공장과 장류공장의 조업도가 낮아진 탓입니다. 주리에서는 농산물 원재료를 필요 이상으로 구입하여 장류공장·전통송이술주조공장·표고가공공장 등에서 판매계획도 없이 무작정 가공제품을 생산하였습니다. 만들어 놓으면 어떻게든 팔리겠지 하며 요행수를 바란 것입니다. 수요예측을 잘못해서 팔리지도 못할 제품을 생산한 경우도 있습니다.

과잉 생산의 시작인 셈입니다.

"판매계획도 없이 무작정 생산한 것은 요행을 바라면서 잘 팔리겠지 하면서 과잉생산한 경우이지만, 수요예측의 잘못으로 과잉생산하여 재고가 쌓이는 경우가 더 많이 발생합니다."

"재고가 쌓이면 영업순환과정이 잘 돌지 않잖습니까?"

"에어가 차면 난방 보일러가 안돌아 가듯이 체합니다."

"혹시 현금창출박스 안에는 마귀도 있다고 한 것이 그런 재고가 쌓이는 걸 가리키는 겁니까?"

"조 사장은 기억력이 참 좋습니다. 맞습니다. 재고가 쌓여 있는 것은 물론, 오랫동안 받지 못한 외상매출금도 현금창출박스 안에 진드기처럼 붙어 있는 숨은 그림입니다."

홍 교수의 강의가 계속 이어집니다.

"그런 마귀는 이익이 많이 난 것처럼 보이게 해서 경영의 판단을 흐리게 하기도 합니다. 물론, 현금을 더 늘리지 못하고 오히려 줄어들게 해서 자금 압박을 받게 합니다. 재고가 많은 것은 도대체 경영에 도움이 되지 않습니다."

"재고가 많으면 왜 이익이 많이 난 것처럼 보입니까?"

"재고가 상대적으로 많으면 그만큼 판매원가가 적어지게 됩니다. 원가가 적으니 상대적으로 이익이 큰 것으로 나타나게 됩니다. 나중에 더 자세히 배우게 될 것입니다."

조 사장은 헷갈렸습니다. 그러나 재고가 많으면 이익이 실제 실적보다 크게 보이고, 그 만큼의 현금이 더 불어나는 것이 아니라는 것은 알 수 있습니다. 재고는 현금이 변화하여 다른 모습으로 있는 것이라 했으니까 재고가 많다는 것은 그만큼 현금이 재고에 잠겨 있다는 의미일 것입니다.

사실 전임 최 회장은 지역 농장주들에게 환심을 사기 위하여 무리하게 사업을 확장하여 왔습니다. 재료가 없으면 제품을 만들 수 없으니까 늘 여분의 원재료 재고를 확보한다는 핑계로 인근에 있는 농장에서 생산한 농산물을 무차별적으로 사들였습니다.

언제 사용할지도 모를 재고는 보유하지 말자고 권고해도 최 회장의 고집을 꺾을 수 없었습니다. 주리에는 체계적인 구매 시스템이 없었던 것입니다. 나중에 밝혀졌지만 거의 모든 것이 대출 받아서 구매한 것이었습니다. 지역농협 조합장을 꿈꾸며 이 사업 저 사업에 손을 대고, 환심 사기 식으로 사업을 벌려 왔던 것입니다.

처음에는 전통주 주류 제조면허를 가지고, 〈주리(酒里)〉라는 브랜드로 전통주를 제조하여 안정적으로 착실하게 사업을 하였습니다.

주리는 어느 시인의 나그네라는 시구(詩句)에서 아이디어를 얻어 생긴 이름입니다. '술 익는 마을'에서 술과 마을을 합하여 '술 마을'이라고 하려다가 이를 한자로 바꾸어 술 주(酒)와 마을 리(里)를 따서 주리(酒里)를 브랜드로 하였던 것입니다. 거슬러 가보면 '나그네'의 술 익는 마을이 이 브랜드의 뿌리인 셈입니다.

브랜드 덕분인지는 몰라도 견실하게 사업은 성장하였습니다. 또한 최규식 회장은 농가주부모임 회원들이 공동으로 만드는 수제 된장이 명성을 얻는 것을 보고, 수제 장독대 시스템을 인수하여 공장화하고 사업을 확장합니다. 이를 토대로 출자자들을 모집하여 ㈜주리농업회사법인을 설립하고 대표이사 겸 회장에 취임합니다. 이어서 표고버섯 가공공장을 세우고 잡곡선별 포장센터와 가래떡 가공라인을 확장 개설합니다. 이 모든 절차가 몇 년 사이에 전광석화처럼 이루어집니다. 주리의 창고에는 수매한 콩·고추·표고·찹쌀·잡곡 등 원재료가 어지럽게 쌓여 있고, 생산한 제품 재고도 산더미처럼 쌓여 있습니다. 현장에 현금이 잠들어 있는 것입니다. 빨리 현금으로 바뀌어야 합니다. 끊임없이 현금이 돌아야 하는데 재고에서 꽉 막혀 있는 것입니다.

홍 교수의 강의가 계속 이어집니다.

"현금창출박스의 현금 → 재료 → 재공품 → 제품 → 외상매출금 → 현금의 순환은 계속해서 끊임없이 빠르게 진행돼야 현금이 증가합니다. 이 순환과정은 계속 흐르게 돼 있습니다. 그래서 항상 연어가 흐르는 물을 거슬러 오르듯 연어의 눈으로 흐름을 관찰하고 체크해야 합니다."

경영의 순환과정을 항상 머리에 그려보면서 순환 단계마다 관찰하라는 얘기입니다.

조 사장은 문득 의문이 듭니다.

"경영의 순환과정이라는 게 실제로는 현금이 순환하는 모습이라면, 어느 단계에선가 막히거나 순환이 안 되는 것을 어떻게 알 수 있습니까?"

"재고자산·외상매출금 같은 자산이 원래의 모습인 현금으로 잘 바뀌는 지를 체크해야 합니다. 재고자산이 증가하고, 회수하지 못한 외상매출금이 많아지는 경우가 순환이 안 되는 경우에 해당합니다. 이 경우에도 이익은 증가합니다. 그러나 현금은 오히려 감소해서 경영을 압박하게 됩니다. ㈜주리가 제품을 팔아서 이익이 증가한다고 해도 그 중에 일부 또는 전액을 외상매출금으로 남겨서 현금으로 결제 받지 못하면 그만큼 자금 압박을 받게 됩니다. 결산서에 이익이 났는데도 현금이 없는 원인 중에 하나입니다."

"현금이 생기지 않은 이익은 믿을 수가 없군요?"

"이익에도 질이 있습니다. 질 좋은 이익과 질 나쁜 이익이 있습니다. 질 좋은 이익은 현금이 든든하게 뒷받침을 하고 있지만, 질 나쁜 이익은 그저 숫자뿐인 이익입니다. 결산서 실적을 부풀려 잘 보이게 하려고 팔지도 않은 판매금액을 슬쩍 끼워 넣든가, 재고자산의 수량이나 단가를 올리면 이익은 멋지게 커지지만 현금은 그 어디에도 없습니다. 가짜 분칠해 화장한 얼굴처럼 순이익을 뻥튀기하는 눈속임 분식회계 수법입니다. 나중에 배울 기회가 있습니다."

조 사장은 혼자 곰곰이 생각합니다.

'맞아, 그렇구나. 많이 팔았는데도 항상 현금이 없어서 쩔쩔 맨 적이 한 두 번이 아니었지.'

"맞습니다. 현금은 재고와 외상매출금 속에도 마귀처럼 숨어 있는 것입니다."

조 사장의 마음이 바빠집니다.

제5장

현금곳간을
채워라

현금이 흐른다는 의미

　오늘은 삼겹살 파티가 벌어지는 날입니다. 홍 교수 연구소 앞마당을 둘러싼 왕대나무를 잘라서 반으로 쪼개어 삼겹살·대파·인삼·당근을 우겨넣은 다음 후추·맛소금을 뿌립니다. 쪼개어 놓았던 나머지 반으로 뚜껑을 닫아 칡넝쿨로 동여매고 숯불에 굽습니다.

　대나무통 술도 준비합니다. 대나무통 술은 대나무 양쪽 마디를 살려서 자르고 위쪽 막에 3밀리쯤 구멍을 뚫습니다. 소주를 붓고 구멍은 대나무 쐐기를 박아 막습니다.

　술잔은 대나무를 잘라 만들어 더 운치가 납니다. 30일쯤 익은 대(竹)통주 맛이 향기롭습니다.

　"교수님, 이런 거 언제 배우셨나요?"

"텔레비전에 나오는 거 보고 흉내 내는 겁니다."

"대나무 향도 좋고 별미입니다. 건강하게 사시는 비결 같아요."

"사람도 그렇겠지만 기업도 건강한 비결이 있을 것입니다. 두산 119세, 삼성 77세. 오래된 재벌그룹 나이입니다. 국내 일반기업이 5년 이상 생존하는 비율은 30% 정도인데 말입니다."

"오래 존속할 수 있는 비결이 무엇일까요?"

"119년 동안 현금이 계속 잘 돌고 있었다는 뜻입니다. 기업인들에게 경영체가 존속하는 데 가장 필요한 게 무엇인지 물어보면 당연한 듯 이익이라고 대답합니다. 사업체는 흑자여도 망할 수 있습니다. 또 적자라고 해도 무조건 망하지는 않습니다. 적자가 계속되면 도산할 위험이 커지는 건 사실입니다. 그래도 적자가 사업체를 망하게 하는 절대적 요인은 아닙니다. 가장 중요한 것은 현금이 끊임없이 순환해야 한다는 것입니다."

"현금만 잘 돌아가면 되는가요?"

"사업체는 현금만 제대로 돌아가면 아무리 적자를 내더라도 절대로 망하지 않습니다. 경영자는 이익보다 현금에 더 집중해서 경영해야 할 의무가 있는 것입니다."

농장에서나 주리에서나 열심히 사업하는 것은 이익을 많이 내서 돈을 많이 버는 것이라고 생각하며 살아왔는데 이익보다 현금에 더 집중하라고 하지 않는가? 결산서의 이익은 가짜 같은 숫자일 뿐 믿을 건 현금뿐이라는 의미가 아닌가? 조 사장은 머릿속이 헷갈렸습니다.

"결산서의 이익을 그대로 믿으면 안되겠군요?"

"그런 뜻이 아니라 결산서의 이익이 많다고 해서 현금도 많은 것은 아니라는 의미입니다. 이익만 많고 현금이 없으면 무슨 소용 있겠습니까."

"현금이 잘 돌아간다는 의미는 무슨 뜻입니까?"

"현금흐름이 좋다는 뜻입니다. 현금흐름이 좋다는 뜻은 영업순환과정을 반복하면서 '창출한 현금'이 계속 쌓여 간다는 의미입니다. 현금창출박스에서 배운 거 생각해 보십시오. 사업체는 현금창출박스에 현금을 넣고 표고종균(재료)→배양(재공품)→표고(제품)→외상매출금의 순환과정을 계속 반복하면서 영원히 계속돼 갑니다. 그리고 일정기간의 사업실적을 기록하여 재무상태표 · 손익계산서를 작성하여 순이익으로 얼마나 남았는지, 수중에 현금은 얼마나 있는지를 알 수 있습니다."

조만수 사장은 강의를 들으면서 자기도 모르게 감탄을 합니다.

'아니, 이런 어려운 내용을 아무런 부담 없이 다 이해하면서 알아듣고 있잖아? 회계는 경영의 이야기라는 말을 알겠어. 좋았어!'

스스로 감탄하면서 조 사장이 질문합니다.

"순이익과 현금이 어떤 관계입니까? 순이익이 크면 그만큼 현금도 많다는 의미인가요?"

"아닙니다. 순이익은 사람이 만든 숫자일 뿐입니다. 작성자의 의견에 따라 그 금액이 달라질 수 있습니다. 그러나 현금은 손에 쥐고 확인할 수 있는 실재 현실입니다. 작성자가 숫자를 바꾼다고 해서 현금이 더 많아지고 적어지고 하지 않는 것입니다."

물을 끓여 커피를 타 마시면서 홍 교수가 장난기 있는 말로 묻습니다.

"맘대로 빼 쓸 수 있는 예금 10억이 있으면 무얼 하고 싶습니까?"

"하하, 10억 원이 있으면 드론부터 삽니다. 편하게 농약 치면서 창 공을 나는 기분을 느끼고 싶습니다. 더 좋은 농기계도, 더 넓은 농지도 구입하구요. 무엇보다 아내와 해외여행을 멋있게 가고 싶습니다."

실제로 10억을 손에 쥔 사람처럼 빠른 말로 말합니다. 상상만으로도 기분이 업되는 너스레입니다.

"좋습니다. 그런데 그 예금을 모두 대출 받은 것이라도 그렇게 할까요? 달라지겠지요?"

조 사장은 꾸벅거리며 손사래를 칩니다.

"아유, 그런 말씀 마십시오. ㈜주리처럼 자금이 부족해서 쩔쩔 매게 되겠지요."

"그렇습니다. 사업체의 현금과 예금에는 여러 군데서 만들어진 현금이 섞여 있습니다. 영업에서 벌어들인 돈, 부동산을 팔아서 받은 돈, 은행에서 대출 받은 돈, 출자자로부터 출자 받은 돈, 이렇게 섞여 있습니다. 그런데 현금에는 꼬리표를 붙일 수 없잖습니까? 그 돈이 어디에서 생겼는지를 모르면 엉뚱한 곳에 쓸 위험이 있는 것입니다. 현금이 흐르는 길을 알아야 그러한 위험을 줄이고 합리적인 자금관리를 할 수 있습니다. 이런 이유로 만드는 재무제표가 현금흐름표입니다."

"그렇다면 현금흐름이라는 뜻은 현금이 자꾸 흘러야 한다는 의미입니까? 아니면 어떤 결과를 말하는 것인지요?"

"예를 들어 영업현금흐름이란 영업에서 증가한 현금 또는 감소한 현금을 뜻합니다. 현금이 흘러온 결과를 '현금흐름'이라고 하는데 잔액개념입니다."

그러면서 홍 교수는 중요한 부분이라면서 강의를 계속합니다. 우리 주변에는 자기가 번 돈을 다 쓰고 아무렇지도 않게 빌려 쓰는 사람도 있고, 번 돈 범위 내에서 생활하고 저축하며 사는 사람이 있습니다. 마찬가지로 재료 매입대금 · 직원급여 · 지급이자 등 운전자금과 설비투자자금을 은행에서 빌리는 일을 아무렇지도 않게 생각하는 경영자와, 빚이 없는 경영을 바람직하게 생각하는 경영자가 있습니다. 특히 운전자금이 부족할 때에는 은행에서 대출 받으면 된다는 생각을 버리고 가지고 있는 현금의 범위 내에서 해결하려는 현금흐름경영을 해야 합니다. 그러기 위해서는 현금을 벌어들여서 쌓을 수 있어야 합니다. 현금을 쌓기 위해서는 특히 재고와 외상매출금을 꾸준히 정상적으로 빠르게 현금화 시켜야 합니다.

재무제표가 흑자인 것과 현금을 벌어들이는 것은 같은 말이 아닙니다. 경영자의 사명은 이익을 증가시키는 것이 아니라 현금 잔액을, 현금흐름을 증가시키는 것입니다.

사업체의 현금을 증가시키는 방법은 크게 세 가지입니다.

첫째, 영업순환과정을 반복하면서 창출되는 현금 : 영업현금흐름

둘째, 고정자산을 매각해 생기는 현금 : 투자현금흐름

셋째, 대출을 받거나 출자자가 출자하는 현금 : 재무현금흐름

₩ 14

현금곳간에 채워지는 현금흐름

홍 교수는 노트에 세 개의 게이트(문)가 있는 박스형 현금곳간을 그립니다. 경영체의 모든 현금은 이 현금곳간에 쌓았다가 필요할 때 빼내어 씁니다. 각각의 게이트에 투자용·재무용·출자자용이라고 씁니다. 우리는 현금을 모두 똑같은 현금이라고 생각합니다. 그러나 현금흐름표는 현금의 수입과 지출을 영업활동·투자활동·재무활동 세 그룹으로 나누어 각각 다르게 구분합니다. 이렇게 구분하는 이유는 현금이나 예금 잔액만 보아서는 어떤 이유로 현금이 증가했는지 감소했는지 알 수 없기 때문입니다.

"현금흐름표 그림의 원리를 설명해 보겠습니다. 현금곳간에 채워진 것은 경영체가 1년 동안 창출한 현금입니다. 영업활동을 반복하면서 증가한 현금입니다. 이를 영업활동현금흐름이라고 합니다. 경영자가 할 일은 이 현금곳간에 현금을 가능한 한 많이 늘리는 것입니다.

〈그림 1〉

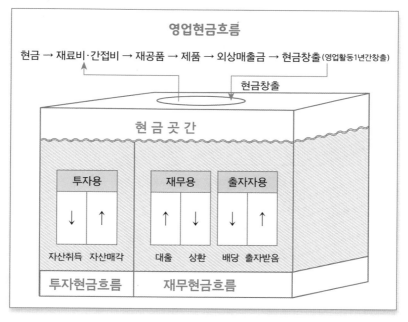

〈그림 1〉 현금곳간에 채워진 현금의 사용 방법에는 세 가지가 있습니다. 한 가지는 현금창출박스(고정자산)에 대한 투자 또는 매각에 관한 현금의 유출입입니다.

경영체가 미래 영업활동현금흐름의 금액을 늘리려면 지속적인 투자가 필수적입니다. 이를 투자활동현금흐름이라고 합니다(참고로 영업활동현금흐름에서 투자활동현금흐름을 뺀 것을 잉여현금흐름이라고 한다. 경영체가 자유롭게 사용할 수 있는 현금을 의미한다). 그리고 나머지 두 가지는 은행에서 대출을 받거나 상환하는 것과, 출자자로부터 출자를 받거나 출자자에게 배당하는 것입니다. 이들을 재무활동현금흐름이라고 합니다."

홍 교수는 예를 들어 설명합니다.

"〈그림 2〉 지난 번 주리에서 대출금 이자도 못 갚고 직원급여도 밀렸던 적이 있지요? 그런 사정이 영업현금흐름이 적자인 상태인 것입니다."

홍 교수는 '현금곳간 비어 있음'이라 쓴 그림을 가리키며 설명을 계속합니다.

〈그림 2〉

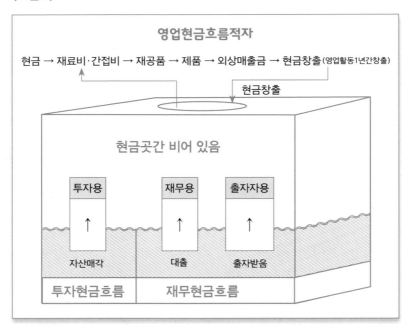

영업현금흐름 범위 내에서 고정자산 구입하고 대출금 상환하고

배당금 지급하여야 하지만 그렇게 하지 않은 경우에 현금곳간이 비게 됩니다. 그런 경우엔 역으로 고정자산을 매각하고 그래도 현금이 부족하면 추가 대출과 출자증자까지 하게 됩니다.

"주리에서는 몇 번이나 운전자금이 없어서 보증기금으로부터 보증서를 발급받아 막대한 대출금을 받았지요?

보증기금에서 ㈜주리 혼자 힘으로는 이자와 급여 등 운전자금을 해결할 능력이 떨어진 것을 보고 구조개혁을 권유한 것입니다."

〈그림 3〉

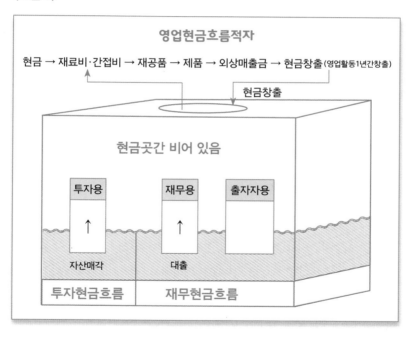

〈그림 3〉 영업현금흐름적자이므로 현금곳간은 계속 비어있습니다. 운전자금 부족으로 고정자산을 매각하여 곳간을 채워도 다시 또

재고자산, 외상매출금이 늘어나서 곳간이 또 비게 됩니다. 대출금을
받아 겨우 운영하는 경우입니다.

〈그림 4〉

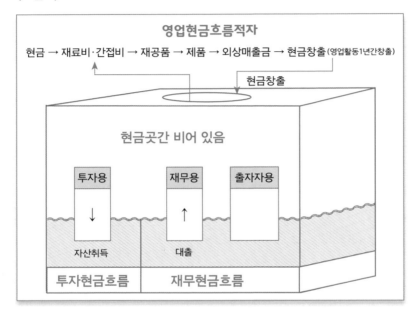

〈그림 4〉 영업현금흐름 적자는 현금곳간이 비었고 투자라도 해서
수익을 올리려고 대출을 받아 고정자산을 취득하고 일부는 영업자금
으로 지급하여 일시적으로 곳간이 채워지는 경우입니다. 주리의 최
규식 회장이 대출금을 받아 고정자산에 투자하여 사업을 활성화 시
키면 이자 지급쯤은 문제없을 것으로 예측하였을 것입니다. 그러나
경영이 악화되면서 이자지급도 부담이 되고 있습니다.(땜방 경영)

〈그림 5〉

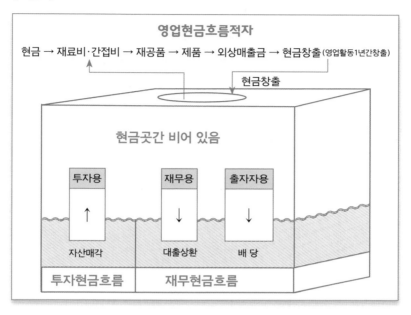

〈그림 5〉 주리가 현금창출에 기여하지 못하는 고정자산을 팔아서 대출금 원리금을 갚았지만 현금곳간은 계속 비어있게 됐습니다. 그런데도 대출을 받아 배당금을 지급하여 현금곳간은 더 비게 되었습니다.

〈그림 6〉

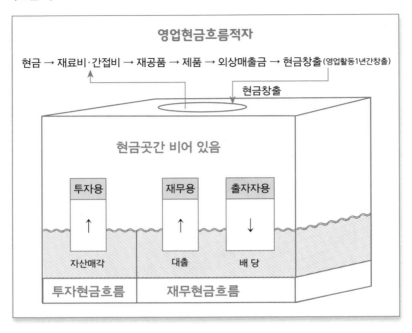

　　〈그림 6〉 지금까지 주리가 흑자결산을 하였다고 하여도 현금흐름표 상의 현금곳간은 비어 있었습니다. 매년 지급하던 배당금은 경영자가 자기의 위신을 세우려고 고정자산 처분대금과 대출금을 받아서 지급한 것으로 밝혀졌습니다. 이것을 해결하는 가장 좋은 방법은 고강도의 구조개혁을 통하여 영업현금흐름을 획기적으로 개선해야 하는 것입니다.

〈그림 7〉

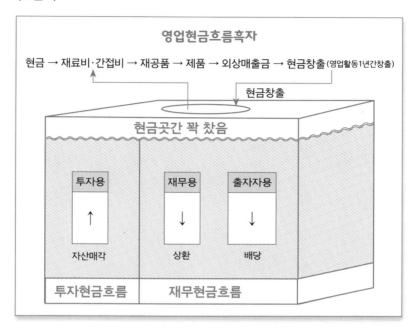

〈그림 7〉 주류 공장 매각으로 대출금은 전액 상환하고 그동안 밀렸던 외상매입금·미지급금도 남김없이 지급하여 빚 한 푼 없는 슬림형 사업체가 되었습니다.

현금창출박스는 거침없이 회전하고 있고 따라서 재고와 외상매출금의 현금화 속도가 빨라졌습니다. 고정자산 유지비는 떨어지고 이자부담이 없는 가볍고 경쾌한 경영 분위기입니다. 영업현금흐름은 흘러넘치고 보너스·배당금도 넉넉히 지급합니다.

마지막으로 홍 교수가 결론을 짓듯이 말합니다.

"정 여사의 표태탕처럼 재고를 최소화하고 빠르게 영업순환속도를 높여서 현금곳간을 채워야 할 의무가 조 사장에게 있습니다."

　조 사장은 가슴이 철렁 내려앉는 느낌입니다. 그냥 사장 자리에서 열심히 일하면 다 되는 것이라고 생각했는데 경영체의 현금에 대한 책임을 '의무'라고 못 박는 것이 아닌가?

15

영업현금흐름의 중요성

임원 간부 확대회의는 처음부터 진행이 매끄럽지 못합니다.

경리부장의 자금조달 보고에 대하여 재무담당 이사인 박보영 씨가 질책하고 있기 때문입니다.

"어이 경리부장, 자금조달 보고를 어디에다 대고 남의 말 하듯이 하는거야? 책임의식을 가지고 성의껏 업무보고 하시오. 답답하네, 월급이 아깝다. 어유!"

박보영 이사의 말투는 날이 갈수록 거칠어 갑니다. 며칠 후로 돌아오는 대출금 10억 원을 연기하려면 먼저 보증기관의 보증 연기승인이 떨어져야 합니다. 보증기관에서는 우리의 영업현금흐름이 적자인 상태에서는 연기승인을 할 수 없다는 강경한 입장입니다.

사실 가장 큰 책임이 있는 임원은 재무담당 박보영 이사입니다. 그런데 당사자가 오히려 남의 말 하듯이 경리부장을 탓하고 있는 것입니다. 재무담당 이사가 설칠 때에는 조만수 사장이 나서야 늘 수습되곤 하였습니다. 조 사장이 경리부장에게 슬쩍 묻습니다.

"손 부장, 지난 달 영업현금흐름이 얼마나 되는지요?"

"예, 3천만 원 적자 흐름입니다."

"계속 영업현금흐름이 흑자를 유지했는데 적자인 이유가 무엇입니까?"

조 사장이 내용을 모두 알고 있으면서 자꾸 파고들어가는 것을 손 부장은 알고 있습니다. 손 부장이 기어들어가는 음성으로 대답합니다.

"도도식자재에 미지급으로 남아있던 외상매입대금을 지급한 것과 식자재 원재료 대금을 선지급한 것이 가장 큰 원인입니다."

조 사장은 짐짓 놀라는 체 하며 손 부장을 다그칩니다.

"외상매입대금 지급? 더구나 원재료 대금 선지급? 그렇게 현금이 흘러가면 영업현금흐름은 적자를 면치 못합니다. 외상매입금 지급은 외상매출금을 회수하지 못한 것보다 더 현금흐름을 나쁘게 합니다. '외상매출금은 빨리! 외상매입금은 천천히' 격언도 못 들어봤습니까?

더구나 선지급했다는 건 영업현금흐름을 악성 적자로 흐르게 하는 것입니다. 할 말 있습니까?"

조만수 사장이 정말 화가 난 음성입니다. 현금흐름 때문에 보증서 연기에 브레이크가 걸렸으니 화가 날 만도 합니다.

이때 재무담당 박 이사가 끼어들며 말합니다.

"도도식자재가 단골이기도 하지만 사정이 딱하다 하여 내가 지시해서 지급한 거요."

조만수 사장은 감사 부임 첫날 박 이사로부터 당한 수모를 아직 기억에서 지우지 못하고 있습니다.

"그랬습니까?" 조 사장의 음성은 낮고 부드럽습니다.

"선지급한 것은 재무담당 이사답지 못했군요. 유감입니다."

말투가 거친 박 이사의 음성이 높아집니다.

"재무담당 이사가 그만한 것도 결정 못합니까? 많이 팔아서 이익 많이 내면 금방 만회될 거 아닙니까?"

조 사장의 회계 실력이 이젠 박 이사쯤의 적수가 아닙니다.

"이익 많이 나면 현금 흐름이 좋아집니까? 아무리 이익을 많이 내도 외상매출금이 많고, 재고가 많으면 현금흐름은 더 나빠지는 것을 재무담당 임원이니까 잘 알겠지요?"

"사장님, 답답합니다. 매출 수익에서 비용인 매출원가를 빼면 이익인 걸 모른단 말입니까? 이익을 많이 내면 현금도 많아지는 게 당연한 원리 아닙니까? 답답하네 이거, 회계공부 좀 하시오. 회계공부를!"

조만수 사장은 낮은 목소리로 일부러 천천히 말합니다.

"업체끼리의 거래는 거의가 외상매출인 거 잘 알고들 있습니다. 외상매출인 경우에 숫자뿐인 이익은 있어도 당장 현금은 없습니다. 자, 무엇으로 현금흐름 적자를 만회합니까?"

박 이사는 얼굴이 뻘개지며 자리를 박차고 회의실을 나가버립니다. 어색한 분위기를 바꿀 겸해서 경리부장이 조 사장에게 질문합니다.

"사장님! 아까 외상매입금을 지급하는 것은 외상매출금을 회수하지 못한 것보다 영업현금흐름에서는 더 나쁘다고 하셨는데 무슨 뜻인지요?"

조만수 사장이 천천히 설명합니다.

"예리한 질문입니다. 내 손에 쥐고 있는 현금은 외상매입채무로 지급하고 현금으로 받을 외상매출금은 언제 내 손에 쥘지 모른다면 손해 보는 겁니다. 내 수중의 돈은 주고 필요한 자금은 대출 받아 이자까지 부담한다면 현금흐름이 거꾸로 흐르는 겁니다. 주리의 외상매출금이 상대방에게는 외상매입금입니다. 이런 원리를 알면서 주리의 외상매출금을 빨리 갚겠습니까? 결국 외상매입금을 지급하는 것이 외상매출금을 회수하지 못한 것보다 못난 영업활동인 셈입니다.

그래서 영업현금흐름의 흑자를 유지하기 위해서 항상 외상매입금은 천천히 지급하고, 외상매출금·재고자산은 빨리 현금화하고 즉, 영업순환과정의 속도를 높여야 합니다. 그래야 현금이 샘솟듯 넘치게 됩니다."

제6장

돌려야 도는
경영순환사이클

조자룡의 헌 칼

조만수 사장은 독하게 마음을 먹었습니다.

도원농장의 구조개혁에 박차를 가한 것입니다. 내가 운영하는 농장부터 똑바로 세워야 주리에 가서도 말에 권위가 설 것이기 때문입니다. 제일 먼저 야적장에 쌓아놓은 표고목부터 처리합니다. 쌓아둔지 오래되어 표고 생산에는 사용할 수 없습니다. 원가 4천만 원 정도는 되지만 과감하게 7백만 원에 화목으로 처분합니다.

현금 뭉치를 내다 버리는 셈입니다. 대형농기계, 각종 트레일러는 중고농기계센터에 팔고 나머지는 고철로 처분합니다. 현금을 고철로 파는 셈입니다. 트럭 한 대, SUV 한 대만 남기고 승합차·지프차는 처분합니다. 소 20두도 과감하게 처분합니다. 취미로 기르는 관상용 닭 9마리는 비용도 별로 안 들고 아까운 생각에 그냥 기르기로 합니다. 과잉생산하였던 표고버섯은 쉽게 처분하지 못하고 냉동창고에 보관한 채로 다음 기회를 보기로 합니다.

다음은 창고 속을 정리합니다. 돈 될 만한 것은 시장에 팔고 나머지는 자선단체에 기부하기로 합니다. 이렇게 정리하고 챙긴 현금이 7천4백만 원입니다. 대출원금과 이자 6천5백만 원을 갚고도 9백만 원이 남습니다. 빚은 한 푼도 없이 깨끗하게 정리하였습니다. 나머지 현금은 계획을 세워 어떻게 할지 결정할 것입니다.

다음은 주리 차례입니다. 회의 전에 손학두 경리부장이 간단한 요약보고서를 임원들 앞에 배부합니다. 초 사장이 안건을 올립니다.

"주리의 구조개혁에 대한 안건을 상정합니다. 임원들께서도 잘 아시다시피 자금 사정이 점점 악화되고 있습니다. 현금을 벌어들이지 못하는 사업과 시설을 정리하여야 주리가 살 수 있습니다."

회의는 사뭇 진지하고 살얼음판입니다. 제일 반발이 심한 임원은 생산담당 김영근 이사와 공장장 심춘보 씨이고, 나머지는 조만수 사장의 의견에 대체로 협조적입니다.

"사장님, 팔아 치우는 게 장땡입니까? 구조개혁이랍시고 팔아 치우는 것보다 정상화시킬 수 있으면 정상화시켜야지 없애는 궁리부터 하는 게 불편합니다."

김영근 생산담당 이사가 대놓고 막말 시비조입니다.

'장땡?' '구조개혁이랍시고?' 이런 말꼬리가 귀에 거슬려도 꾹 참습니다. 전임 최규식 회장이 구속되면서 그의 이종사촌인 김영근 이사를 감시역으로 앉혀 놓은 것을 아는 사람은 다 알고 있습니다. 주리의 가장 많은 출자지분을 가지고 있는 전임 최규식 회장의 **빽**을 믿고 회의 때마다 김 이사의 위세는 대단합니다. 대학에서 경영학을 전공한 출신이라서 경영과 회계의 지식도 남다릅니다. 다른 사람을 깔보는 말도 서슴없고, 사장인 조만수 씨에게 손가락질 하면서 대드는 것도 여러 번 있었습니다.

조 사장은 감정을 억누르며 설명하듯 말합니다.

"저 많은 재고는 물론, 과잉으로 시설 투자한 것을 해결할 방법은 있습니까?"

"무식한 소리 마세요. 무엇이 과잉투자입니까. 지금까지 잘 운영해 왔잖아요. 이익도 많이 내고 정상적으로 배당도 했고요."

무식하다는 말에 탁자를 칠 뻔했지만 또 한 번 꾹 참습니다.

조 사장은 짧은 회계 실력으로 횡설수설 설득하다가 회의를 끝냅니다. 이 사람들을 어떻게 설득할까를 생각하면서 홍 교수 연구소를 찾습니다.

과정의 중요성

연구소에는 낯선 사람 셋이 더 있습니다. 옛 제자들이라고 합니다.

차 한 잔씩 마시고 홍 교수가 이야기를 시작합니다.

"조 사장 안색이 별로 안 좋습니다. 회사 일이 잘 안 풀립니까? 경영체의 몸무게를 가볍게 해야 쉽게 풀 수 있습니다."

주리의 구조개혁 진도를 잠깐 설명 듣던 홍 교수가 말머리를 돌립니다.

"오늘은 좀 쉬운 이야기를 해볼까요? 어쩌면 제일 어려운 분야일지도 모르겠지만 말입니다."

쉽다면서 어려울지도 모른다는 말에 모두들 궁금해 합니다.

"경영체를 경영하는 데는 어떤 가치를 가지고 어떤 목표를 향해야 하는가가 중요합니다. 아무 목표도 없이 경영하는 것이랑 흔들리지 않는 목표를 가지고 경영하는 것은 출발점부터가 다릅니다. 너무 딱딱합니까? 부드럽게 사례되는 이야기부터 하면서 시작해 봅시다."

그러면서 홍 교수는 옛날 얘기처럼 이야기를 시작합니다.

오사카 난바(難波·오사카의 유흥중심지)에 한 남자가 조그만 오코노미야키(일본식 파전)가게를 개업했습니다. 그러나 손님이 오지 않았습니다.

개업한 지 며칠이 지나도 가게는 한가하기만 했습니다.

'어떻게 하지?'

'어떻게 해야 손님들이 찾아올까?'

고민하던 그 남자는 어느 날 갑자기 자전거에 배달통을 싣고서 주변을 바쁘게 돌아다니기 시작했습니다. 다음 날도 그 다음 날도 계속해서 자전거를 타고 달렸습니다. 그렇게 며칠째 계속해서 배달통을 싣고 달리는 그 남자를 보면서 사람들은 '야! 저 가게는 배달이 끊이질 않는구나' 라고 생각하게 되었습니다. 그리고 그때부터 손님들이 밀려오기 시작했습니다. 바쁘게 돌아가는 것처럼 바쁜 척한 것이 실제로 바쁘게 된 것입니다.

그로부터 30년 후 그 가게는 종업원이 600명이 넘는 일본 제일의 오코노미야키 집이 되었습니다. 그 남자의 이름은 나까이 마사쯔구(中井政嗣). 바쁜 척을 해서 일본에서 제일 바쁜 현실을 만들어낸 남자입니다. 성취 원리는 이처럼 간단합니다. 원하는 바를 어떻게 실현시킬 지에 대하여 계획하고, 그 계획을 믿고 행동으로 옮기는 것입니다.

그리고 나까이 사장은 고객이 가게를 다녀간 후에 파전의 맛은 좋았는지, 불편한 점은 없었는지, 값은 적당한지 등을 꼼꼼히 체크하고 필요하다고 판단하면 과감히 고쳐 나갔습니다.

그리고 매달 판매실적을 체크하여 더 늘어난 원인을 분석하고 재료비의 변동내역도 유심히 기록하였습니다.

고객의 칭찬 한마디 불평 한마디도 놓치지 않고 메모하여 경영관리에 반영하였습니다.

이러한 경영 태도를 개업 이래 끊임없이 계속하였습니다.

홍 교수는 얘기를 끝내고 엉뚱하게 조 사장에게 묻습니다.

"지난 해 주리의 실적은 흑자에다가 5.6% 배당까지 했다고 했지요? 지난 달 실적은 어떻습니까?"

"총무부장으로부터 흑자라는 것은 보고 받았지만 구체적으로는 모르겠습니다. 4월말 가결산서는 받지 못했습니다만……"

"오늘이 5월 18일인데 4월말 실적을 모르는 건 이해가 안됩니다. 시스템이 잘못 돼 있습니다. 예전부터 그렇게 하였는가 본데 말입니다."

"관리과장 · 총무부장에게 월말 가결산서를 요구하면 무엇하러 그렇게 서두르느냐는 식이었습니다."

"직원들 훈련이 아직 덜 된 것 같습니다. 월말이 가까워지면 관리과에서는 매월말 가결산서를 만들 사전 준비 작업을 시작해야 합니다. 월말 마감과 동시에 가결산서가 작성되어 다음달 초 적어도 2일이나 3일까지는 사장 책상 위에 월말 가결산서가 올려져 있어야 합니다. 타이트하게 돌아가야 경쟁에서 살아남을 수 있습니다."

그때서야 조 사장은 지금까지 한 번도 월말 가결산서를 본 적이 없다는 것을 깨달았습니다. 조 사장에게 있는 것은 감사에 취임할 때 총무부장이 가져다 준 3년치 결산서가 전부입니다.

전임 최 회장 때부터 월말 가결산서를 챙겨보는 임원은 없었던 것입니다. 관리과장 말로는 월말 가결산서를 작성하지 않은 달도 있다는 것입니다.

"도원농장처럼 한 사람이 경영하는 경영체도 매월 월말실적을 따져 보고 시정할 것은 고치고 해야 하는데, 시스템으로 경영하여야 하는 주리에서 월말 가결산서가 우습게 처리되는 것은 심각한 문제입니다. 매월 말이 어려우면 매분기별 가결산 실적 정도라도 체크해야 합니다."

"월말 가결산서가 그렇게 중요한 줄 몰랐습니다."

조 사장은 부끄러운 생각이 듭니다.

"특히 총무부(관리과) 같은 사장 직할 부서가 느슨하게 돌아가면 조직 전체가 나태해집니다. 휙휙 바람 소리 나게 돌아가야 합니다."

조 사장은 머리를 띵하니 한 대 맞은 기분이 듭니다.

"아까 얘기한 오코노미야키 가게 사장은 계획(Plan)을 믿고 현장에서 행동(Do)에 옮기고, 현장에서 꼼꼼히 모니터링하고 분석하고 체크하면서(Study), 필요하면 과감히 경영관리에 반영(Action)하고 계속 성장해 갔습니다. 개업 이래 이런 경영태도를 매달 계속했습니다."

그런데 주리에서는 현장에서 체크도 하지 않았습니다. 그러니까 무엇을 시정하여 경영에 반영해야 하는지 방향도 모르고 있으니 실적이 좋아질 리가 없습니다.

그러니까 주먹구구식으로 생산·판매만 하였을 뿐입니다.

'주리가 이렇게 엉터리란 말인가?'

18

경영 사이클이 잘 돌아가야 한다

"주리의 경영 사이클이 제대로 돌아가지 못한 것입니다."

"경영 사이클이라고요?"

"그렇습니다, PDSA 사이클입니다. 오코노미야키 가게 사장이 매
달 실천한 사이클과 같은 것입니다. Plan · Do · Study · Action 의
머리글자입니다."

듣고만 있던 홍 교수의 제자 중에 한 사람이 말합니다.

"교수님, PDS라고 배웠습니다만……"

다른 제자가 말합니다.

"교수님, PDCA, Plan · Do · Check · Action 의 약자가 아닙니까?"

홍 교수가 녹차로 목을 축이면서 천천히 말합니다.

"모두 맞는 말입니다. 설명해 주겠습니다."

홍 교수는 종이에 원을 그리고 원을 중심으로 4등분선을 긋습니다. 그 위에 Plan · Do · Study · Action을 써놓고 차례로 화살표를 그립니다.

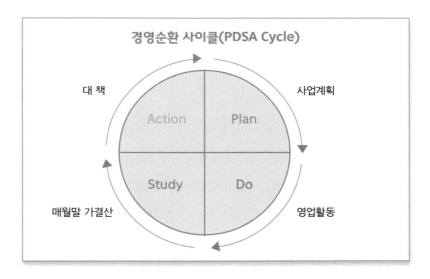

(1) Plan : 사업계획을 숫자로 표현한 연간예산. 월별예산
(2) Do : 실제적인 영업활동
(3) Study : 계획과 실행을 체크하고, 고객 모니터링 및 타사 모범사례벤치
　　　　　 마킹, 해결해야할 과제의 명확화
(4) Action : 대책을 세워 실질적인 개선활동

"아까 이야기해 준 오코노미야키 가게 사장은 PDSA 사이클을 잘 활용했습니다. 큰 조직이나 작은 가게나 그 원리는 같습니다. 계획을 세우고〈Plan〉, 그 계획에 대한 확신을 가지고 행동으로 옮깁니다〈Do〉. 고객을 모니터링하고 듣고 깨닫고 배우면서 매달 실적을 체크

하고〈Study(Learn & Check)〉, 필요한 것은 과감히 고쳐 나갑니다 〈Action〉. 30년 만에 제일의 오코노미야키 가게를 일군 것은 우연이 아니라 이 PDSA 사이클을 잘 돌린 결과라고 할 수 있습니다.

계획(Plan)은 사업계획인 동시에 행동계획입니다. 사업계획을 숫자로 표현한 것이 연간예산입니다. 이것을 월별 변동 사정에 따라 쪼개어 놓은 것이 월별예산입니다.

다음의 실행(Do)은 실제적인 영업활동을 뜻합니다. 현금창출의 중심행동이라 할 수 있습니다. 구체적으로는 제조 · 판매 활동이 재무상태표 · 손익계산서 · 현금흐름표에 실적으로 나타나게 됩니다. 이를 종합하면 월말 가결산서를 만들 수 있습니다.

다음의 학습(Study)은 의미가 조금 광범위합니다. 계획과 실행을 체크(Check)하여 예산과 실적의 차이를 명확히 하는 것은 물론 고객 모니터링을 하고 타사의 모범사례 등을 배워서 응용하는 것까지 (Learn) 경영체가 해결해야 할 과제를 명확히 하는 과정입니다.

PDCA Plan · Do · Check · Action 또는 PDS Plan · Do · See 경영순환과정 설명은 주로 품질 · 기술 · 생산 등 제조 분야에서의 좁은 시각입니다.

PDSA 경영 사이클은 두루두루 많은 경영 분야로 확대 중인 개념입니다. 마지막으로 대책(Action)은 해결해야 할 과제를 과감히 고치고 다음 경영 사이클 PDSA로 넘어가는 것입니다.”

제자 중 한 사람이 질문합니다.

“월말 가결산서를 작성하지 않고 평가도 하지 않으면 어떻게 됩니까?”

“좋은 질문입니다. 난방보일러에 에어가 차면 어떻게 되는지 생각

116

해 봅시다."

"보일러가 안돌아가고, 난방도 안되겠지요."

"마찬가지입니다. 월말 가결산서를 작성하지 않거나 천천히 작성해서는 에어가 차듯이 경영순환 사이클이 돌지 않게 됩니다. 발 빠르게 경영을 개선할 수가 없습니다. 결국 Study(Check & Learn) 단계로 넘어가 시정 조치를 할 수 없기 때문에 무심코 Do! 지나온 제조ㆍ판매 활동만 반복하여 답습하게 되는 것입니다."

결국은 목표와 실적의 차이를 분석하고 끊임없이 개선해 나가지 않으면 경영 사이클은 돌아가지 않고, 새로운 현금창출도 없다는 것이리라. 그런데 조 사장의 머릿속으로 퍼뜩 한 가지 의문이 생깁니다.

'재무상태표ㆍ손익계산서는 작성자의 의견이 반영된 결과라고 하지 않았는가? 그렇다면 월말 가결산서는? 가결산서는 가상의 결산서? 이중의 의견이 반영된 것인가? 이중의 의견이 반영된 숫자를 분석하는 게 무슨 의미가 있을까?'

조 사장의 머리가 혼란스럽습니다. 그런 생각을 눈치 챈 듯이 홍 교수의 강의는 계속됩니다.

"사업계획을 숫자로 표현해 놓은 것이 연간예산이고 이를 월로 쪼개어 표시한 것이 월별예산입니다. 매월 별로 수익은 얼마 비용은 얼마이어야 한다는 가이드라인 같은 것입니다. 월말 가결산은 그 달의 실제 실적을 숫자로 바꿔 놓은 요약자료일 뿐입니다. 결국 계획과 실제의 숫자만 비교해 봐야 별다른 의미가 없습니다."

"그렇다면 어떻게 해야 하나요?"

"월별 예산과 월말 가결산 실적의 차이가 생긴 원인을 오코노미야키 가게 사장처럼 현장에서 꼼꼼히 분석하고 필요하면 경영에 과감히 반영해야 합니다. PDSA 사이클이 제기능을 발휘하면서 정상적으로 돌아가게 되는 것입니다."

조만수 씨는 강의 내용을 이해하려고 애써도 머리에 잘 와닿지 않습니다. 지금까지 예산과 실적을 대조하고 분석하여 경영에 반영해 본 경험이 없기 때문입니다.

"실제의 활동결과를 숫자로 나타낸 회계수치가 월말 가결산 실적입니다. 모두 숫자로 요약한 자료일 뿐입니다. 이런 월별 예산과 월말 실적을 비교한다고 해서 그 금액이 차이나는 발생의 원인까지 밝힐 수는 없습니다. 실제로 비교하여야 할 것은 차이 나는 금액의 배후에 있는 사실과 함께 비교하고 분석해야 하는 것입니다."

결국 현장에서 예산 실적을 달성하기 위해 계획한 작업과 실제 이루어진 작업을 비교하고 분석하여 개선으로 이어져야 PDSA 사이클이 잘 돌아가게 되는 것입니다.

"PDSA 사이클은 1개월 또는 1년 단위로 회전이 끝나고 다시 시작해 회전합니까?"

"아까 설명했잖습니까. 개선이 이루어지고 다시 계획으로 들어가 사이클이 돌아가는 것을 반복합니다. 이 사이클의 회전은 끊임없이 영원히 계속된다는 가정을 깔고 있습니다."

"끊임없이 영원히 계속된다는 것이 무슨 의미입니까?"

"더 가치 있는 목표를 향해서 조직이 발전한다는 뜻입니다."

가치 있는 목표란 어떤 목표를 말하는 것일까? 조만수 씨는 생각합니다. 혹시 개인의 목표가 아니라 회사의 비전을 말하려는 게 아닐까?

홍 교수는 전임 최규식 회장을 예로 들면서 말합니다.

"전임 사장은 경영 비전이 없었던 것 같습니다. 농협 조합장이 되기 위한 수단으로 경영을 이용하려 한 것입니다. 경영 비전은 높은 가치를 가지는 것으로 정하는 것이 좋습니다. 조 사장도 가치 있는 목표에 대하여 고민해 보십시오."

홍 교수는 가치 있는 목표가 있는 것과 없는 것은 나침반과 지도를 들고 길을 찾아 가는 사람과 그냥 헤매면서 길을 찾는 사람을 비교하는 것과 같다면서 자리에서 일어섰습니다.

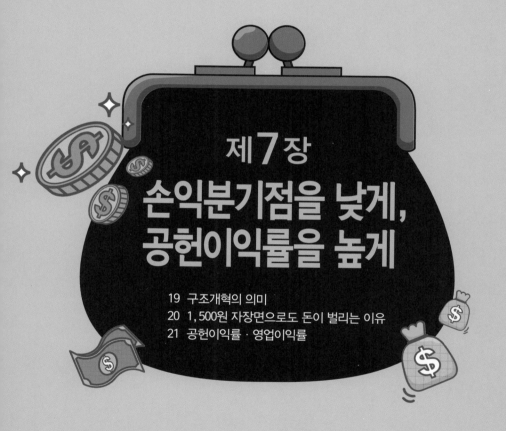

제**7**장
손익분기점을 낮게,
공헌이익률을 높게

구조개혁의 의미

　조만수 사장은 바쁘면서도 느긋한 마음입니다. 도원농장을 혼자의 판단으로 어느 정도 정리한 후 발걸음조차 가벼워집니다. 주리의 구조개혁은 아직 본격적으로 시동을 걸지 못하고 바쁘게 준비 중입니다. 이상하게도 홍 교수의 강의를 들으면서 많은 것을 깨닫고 든든한 버팀목 같은 여유를 느낍니다. 3년치 재무상태표를 보는 것이 무협지 읽는 것보다 더 재미있습니다.

　현금도 각종 재고자산도 외상매출금도 살아 숨쉬며 흐르는 모습입니다. 각종 고정자산은 고정된 모습인 줄 알았는데 현금창출의 주역으로 활력이 넘쳐야 합니다. 현금창출박스는 힘차게 돌아야 합니다. 오른쪽의 외상매입금은 현금으로 갚기 싫고, 단기차입금은 이자랑

상환기일이 두렵습니다.

　장기차입금은 고정자산에 올바르게 투자됐는지 의심스럽고 출자금에는 출자자들의 기대가 쌓입니다. 재무상태표를 손익계산서랑 연결해 읽는 것은 아직 실력이 부족합니다. 주리의 현금흐름표를 만들어 보니 영업현금흐름은 매년 적자입니다. 결산서에 첨부된 재무상태표 합계잔액시산표의 고정자산 계정과목과 출자금 계정과목 대변 누계액을 보니 증가한 금액이 없습니다. 이것은 고정자산을 팔지 않았고 출자금도 받지 않았다는 의미입니다.

　그런데 단기차입금 대변 누계액은 물론이고 잔액도 큰 금액으로 불어나 있는 것이 보입니다. 영업현금흐름이 적자인데 고정자산 판 것도 없고 출자금 받은 것도 없으니 분명 대출 받아서 월급 주고 배당까지 하면서 으스댔다는 스토리가 눈에 선히 보입니다. 분석해 보니 주리는 빈껍데기입니다. 조 사장은 전임 최 회장과 보증기금 책임자가 강도 높게 구조개혁을 해야 한다는 이야기를 떠올립니다.

　'보증기금에서는 이런 걸 모두 분석하고 있었던 거야. 주리의 임직원들만 모르고 있었던 것일까?' 아마도 모르고 있었을 것이라 생각합니다. 그런데 생산담당이사가 조 사장에게 막무가내로 덤벼들 때 대부분 무표정이지만 몇몇 임원들은 야릇한 미소를 띠는 것을 느끼지 않았는가.

　생각할수록 불편한 마음에 어떻게 처리할까를 생각하면서 홍 교수 연구소로 발걸음을 재촉합니다.

　연구소는 언제나처럼 조용하고 대나무 숲 바람소리만 훈풍에 실립니다. 홍 교수 연구실 안에서 다른 사람의 인기척이 들립니다. 소문을 듣고 멀리서 컨설팅 겸해서 방문한 한우농장을 경영하는 사람입니다. 인사를 나누고 보니 교육원에서 만난 적 있는 구면입니다.

"구조조정은 사람을 줄이는 것이 목적인가요?"

방문한 사람이 계속 대화하던 내용을 질문합니다.

"현대 경영에서는 인건비를 줄여서 경영을 개선하려는 것은 하책으로 취급합니다. 경영체의 체질만 약화시키게 됩니다. 구조개혁은 말 그대로 이익을 가장 많이 낼 수 있도록 사업 구조 전체를 혁명적으로 바꾼다는 의미가 있습니다."

"그러면 내용도 혁신적이겠습니다."

"내용? 그렇습니다. 구조개혁은 불필요한 자산목록을 뽑아 현금화하여 현금창출박스의 효율을 높이는 작업부터 시작합니다. 현금창출능력을 높이는 것이 경영체의 가장 솔직한 목표잖습니까?"

방문객은 적잖이 놀라는 기색입니다. 너무 세게 설명한다는 눈치 같습니다.

"농장이나 경영체나 경영을 할 때, 능률 향상이나 원가 절감보다 더 중요하게 생각하는 전제가 현금창출능력을 최고의 가치로 삼아야 한다는 것입니다."

지금 홍 교수는 현금을 많이 벌어들일 수 있는 경영체 구조를 만드는 것을 구조개혁이라고 설명하고 있는 것입니다.

"저희 농장의 경우 구조개혁이랄 것까지야 없겠습니다만……"

조만수 사장은 도원농장의 구조조정 작업 내용을 간단히 설명합니다.

"조 사장!" 홍 교수의 음성에 힘이 들어갑니다. 홍삼차 한 모금을 마시고 강의를 이어 갑니다.

"조 사장네 농장 같은 개별 농장의 구조개혁보다 더 중요하고 급한 게 없다고 봅니다. 깨닫지도 못하고 있는 자금이 헛되게 잠겨 있거나 자금의 낭비가 농장 주변에 너무 많습니다. 이상적인 것은 생산한 농산물 재고를 확 줄이고 외상매출금은 제로화 시키며, 대형 농기계 등 고정자산은 투자하기 전에 오랫동안 계속해서 현금창출에 공헌할 수 있을 것인지를 꼼꼼히 따져 보아야 합니다. 투자한 이후에는 끊임없이 현금창출박스가 현금창출에 기여하게 하기 위해, 관리에 정성을 쏟아야 합니다."

홍 교수가 문득 생각 난 것처럼 묻습니다.

"주리의 구조조정은 진척이 좀 있습니까?"

"주리 건입니다만……"

조 사장은 보름 전 회의에서 당한 불쾌함을 아직 삭이지 못하고 있는 것입니다. 홍 교수가 다 알고 있다는 듯 넌지시 말을 건넵니다.

"구조개혁 한다니까 반발이 있었던 것입니까?"

"참기는 했지만 불편한 마음이 삭여지질 않아서요."

홍 교수는 재무상태표·손익계산서·현금흐름표와 결산서에서 필요한 숫자를 뽑고, 현장에서의 사례를 조목조목 메모하여 설득해 나갈 것을 권고합니다.

"아직 조금 서툴겠지만 설득할 만한 실력이 되잖습니까? 맞서지 말고 품에 안아 보십시오. 더 쉽게 풀릴 겁니다."

조 사장은 속으로 히죽이 웃습니다. 그 자료를 손에 쥐고 있으니까.

20

1,500원 자장면으로도
돈이 벌리는 이유

무거워진 분위기를 띄울 겸 홍 교수의 강의가 시작됩니다.

"경영체의 이익구조에 대한 실제 사례를 소개해 볼까요? 인천에 있는 〈복생원〉이라는 중국음식점 1,500원 짜리 자장면이 주인공입니다."

마치 옆집에 있는 중국음식점 이야기 하듯이 스토리는 전개돼 갑니다. 복생원 사장의 전략은 이렇습니다.

첫째, 많이 팔 것. 둘째, 영업비용을 줄일 것. 그래서 복생원에는 종업원이 없습니다. 계산대도 없고 모든 게 소위 셀프 시스템입니다. 주방에서 남편은 면발을 뽑고 삶는 담당이고, 부인은 자장 수프 담당입니다. 한 그릇 값은 자장면 1,500원, 짬뽕 2,500원, 탕수육 5,000원입니다. 다른 가게에 비해서 압도적으로 값이 쌉니다.

자장면만 하루 300 내지 500그릇 팔립니다. 나머지도 심심찮게 꽤 팔립니다. 자장면만 하루 평균 400그릇 파는 것을 분석 대상으로 합니다. 한 달 25일 영업합니다. 직접재료비는 매상의 30%, 고정비(직접재료비 이외의 모든 비용)는 20%입니다. 이 경우 한 달 평균 매출액은 15,000,000원(=1,500×400명×25일), 직접재료비는 4,500,000원(=15,000,000×30%) 입니다.

한 달 동안 외부에서 들어오는 현금은 매출액 15,000,000원, 매출에 비례해서 외부로 나가는 현금은 직접재료비(밀가루·장류 등) 4,500,000원으로 그 차액 10,500,000원의 현금이 창출되었습니다.

직접재료비(원료비)는 현금을 외부로 지급해서 그 상대방의 현금창출에 기여합니다. 그러나 매출대금은 현금을 외부로부터 지급받으므로 외부로 지급한 현금과의 차액만큼의 현금을 창출시킵니다. 새로운 현금이 더 늘어나는 것입니다. 이것을 현금창출공헌이익이라 합니다. 비용 중에서 직접재료비(원료비) 만을 변동비로 보고, 나머지 비용은 모두 고정비로 봅니다. 따라서 현금창출공헌이익에서 직접재료비 이외의 전기·수도요금·임대료 등 모든 고정비 3,000,000원(=15,000,000×20%)을 빼면 7,500,000원(=10,500,000-3,000,000)이 복생원의 한 달 이익입니다.

고정비 중에서 인건비는 고용한 사람이 없으므로 제로입니다. 1995년부터 1,500원 자장면이 버티어 올 수 있는 비결은 첫째, 현금이 끊임없이 창출되고, 둘째 재고가 없고, 셋째 고정자산에 현금이 정체되지 않고 있는 덕분입니다. 맛과 양도 변함없이 지켜주고 가격도 처음 그대로입니다.

홍 교수가 두 사람에게 문득 묻습니다.

"매출이 얼마까지 줄어도 복생원 영업은 돌아갈까요?"

두 사람은 갑작스러운 질문에 당황합니다.

"계산이 됩니까?"

"장사하면서 이익도 손실도 없는 매출액을 계산하면 됩니다. 손익분기점이라고 합니다. 공헌이익률과 고정비만 알면 쉽게 계산할 수 있습니다."

```
매 출 액      － 직접재료비 ＝ 현금창출공헌이익
15,000,000 － 4,500,000 ＝ 10,500,000

매 출 액      － 직접재료비 － 고 정 비    ＝ 순 이 익
15,000,000 － 4,500,000 － 3,000,000 ＝ 7,500,000

현금창출공헌이익 ÷ 매출액        ＝ 현금창출공헌이익률
10,500,000      ÷ 15,000,000 ＝ 0.7 (70%)

고정비        ÷ 현금창출공헌이익률 ＝ 손익분기점 매출액
3,000,000   ÷ 0.7              ＝ 4,285,714
```

"즉, 4,285,714원의 매출액을 넘어서면 그때부터 현금창출에 기여하는 이익이 생기기 시작한다는 의미입니다. 2,857그릇(≒ 4,285,714÷1,500원) 째가 이익도 손실도 없는 꼭짓점입니다. 이것을 손익분기점이라고 합니다. 한 달 중 일주일 정도 지나면(2,857그릇÷400그릇≒7일) 짜장면 장사에서 이익이 나기 시작합니다. 손익분기점은 낮을수록 좋겠지요? 조금만 팔아도 이익이 나기 시작 하니까 말입니다."

여기까지 계산한 종이에 특별히 고정비를 콕 찍으면서 설명합니다.

"고정비가 많을수록 손익분기점은 높아지고, 적을수록 낮아지게 됩니다. 공헌이익률이 0.7일 때 고정비가 2,100,000원이면 손익분기점 매출액이 얼마인지 계산해 보십시오."

"3,000,000원(=2,100,000÷0.7)입니다"

"고정비가 900,000원 줄면 손익분기점은 1,285,714원 낮아지게 됩니다. 그만큼 이익이 발생하는 시기는 빨라지고(7일 → 5일) 이익은 커지게(7,500,000원 → 8,400,000원) 됩니다."

```
3,000,000 - 2,100,000 = 900,000(줄어든 고정비)
4,285,714 - 3,000,000 = 1,285,714(손익분기점의 차이액)
3,000,000 ÷ 1,500 ÷ 400그릇 = 5일
15,000,000 - 4,500,000 - 3,000,000 = 7,500,000
15,000,000 - 4,500,000 - 2,100,000 = 8,400,000(더 커진 이익)
```

조만수 사장이 계산한 내용을 보면서 심각하게 말합니다.

"고정비를 줄여야 하겠습니다."

"이해하기 쉽게 고정비라고 하지만 일종의 영업비용입니다.

여기에서 고정비는 직접재료비 이외의 소비한 모든 비용을 의미합니다. 고정비는 각종 인건비 · 판매원 급료 · 보험료 · 전기료 · 수도요금 · 대출금이자 · 농기계 유류대금 · 감가상각비 등을 포함합니다."

조만수 사장은 갑자기 눈앞이 환하게 밝아지는 느낌입니다. 회계를 다 배운 사람처럼 우쭐한 마음도 듭니다. 빨리 주리로 돌아가서 각 제품별로 손익분기점을 따져보고 싶어집니다. 홍 교수가 묻습니다.

"지금까지 배운 대로라면 어떤 이익구조의 경영체가 바람직한 모습일까요?"

"예, 공헌이익률이 높고 고정비가 적게 드는 경영체가……"

미처 대답이 끝나기도 전에 홍 교수가 다짐하듯이 말합니다.

"주리에서 이익구조가 바람직한 제품라인은 어떤 것인지 검토해 보고 정리할 것은 과감히 정리해서 경영체를 스마트하게 경영할 수 있게 할 책임이 조 사장에게 있습니다."

조 사장은 생각합니다. 난 아직도 그냥 바지 사장에 지나지 않는다고 스스로 생각하는데 홍 교수는 지금 무거운 책임을 느끼게 하고 있는 것입니다. 말 없는 조 사장을 향해 홍 교수의 강의가 계속 이어집니다.

"생산 라인 중에서 대기업과 경쟁관계에 있는 것은 경영 압박을 많이 받겠지요? 우선 그런 것부터 구조조정 하도록 해 보십시오. 비전이 없든지 계속 손실이 누적되는 것도 정리 우선순위에 넣어 보세요."

조 사장은 문득 생각해 봅니다. 전통주 공장의 손익, 장류 공장의 손익이 특히 안 좋았던 것은 대기업과의 가격경쟁에서 밀렸기 때문입니다. 그리고 표고가공공장은 겨우 손익분기점을 맞춰가는 수준입니다. 그렇다면 남는 것은? 맞습니다. 현금 순환속도가 빠르고 직접재료비가 적게 들고 고정비 부담이 거의 없는 가래떡과 잡곡포장뿐입니다. 생각에 잠겨 머리를 굴리는데 홍 교수가 부르는 소리가 들립니다.

"조 사장, 무슨 생각을 그렇게 골똘히 하나요? 무슨 생각나는 거 있나요?"

홍 교수가 몇 번이고 묻는데 조만수 씨의 반응이 없었던 것입니다.

"도원농원에서 경작하는 농산물의 이익구조도 알 수 있겠지요?"

방문객도 적잖이 놀라는 기색입니다. 자장면 얘기가 갑자기 농산물로 바뀌어 혼란한 모습들이 역력합니다. 더구나 지금까지 농산물 생산에 있어서 공헌이익 개념을 적용할 생각도 못해 보았을 뿐더러 농산물의 손익분기점을 계산한 사례를 본 적이 없기 때문일 것입니다.

21

공헌이익률·영업이익률

집으로 돌아온 조만수 씨는 두근거리는 마음으로 도원농장의 '작물별 공헌이익 손익계산서'를 만들어 보았습니다. 작년도 농산물 판매실적을 대강 뽑고 영농일지에 기록한 비용을 작물별로 집계한 후, 변동비와 고정비로 분류하였습니다. 매출액에서 변동비를 빼서 공헌이익을 계산하고 공헌이익률(= 공헌이익÷매출액)부터 먼저 계산해 봅니다. 문제는 작물별 경작기간이 다르기 때문에 작물별 단순비교는 의미가 없다는 것을 발견합니다.

표고는 첫해에 수확량도 많고 품질도 좋지만, 2년 3년 뒤로 갈수록 수확량도 줄어들고 품질도 떨어집니다. 인삼은 6년간, 한우는 30개월간을 계산하므로 1년에 한 번씩 수확하는 벼농사와 비교하는 것은 의미가 없습니다. 그러나 작물별로 공헌이익률의 크기에 따라 손익분기점의 크기와 매출액의 크기를 비교하는 것은 흥미롭다는 생각을 합니다.

< 공헌이익 손익계산서 >

도원농장 (단위 : 천원)

구분	벼(6,000평)	표고(50평×5)	인삼(1,000평)	한우(20두)
매출액	26,000	200,000	120,000	90,000
변동비	13,000	50,000	36,000	60,000
공헌이익	13,000	150,000	84,000	30,000
고정비	4,000	100,000	44,000	5,000
영업이익	9,000	50,000	40,000	25,000
공헌이익률	50%	75%	70%	33%
영업이익률	35%	25%	33%	28%

조만수 씨는 작물별 손익분기점이 얼마 정도인지 늘 궁금하였습니다. 특히 표고버섯은 1년 내내 계속해서 생산·판매가 순환되므로 제일 먼저 분석해 봅니다. 홍 교수에게서 배운 대로 표고버섯의 고정비를 공헌이익률로 나누어 보았습니다. 그 답이 표고버섯 농사의 손익분기점 매출액입니다.

손익분기점 매출액 = 고정비 ÷ 공헌이익률
공헌이익률 = 공헌이익 ÷ 매출액

표고버섯 공헌이익률 75%, 고정비 1억 원이면 표고버섯 손익분기점 매출액은 약 1억3천3백만 원(= 1억 원 ÷ 75%)입니다. 공헌이익률이 높은 것은 좋으나 고정비가 너무 많은 것이 흠입니다. 고정비는 대출금이자의 부담액이 크고 고정적인 인건비가 많기 때문입니다.

　표고버섯 판매수익으로 고정비 1억을 커버하고 3천3백만 원 이상을 더 팔아야 이익이 나기 시작한다는 의미입니다. 따라서 고정비를 더 낮추어야 이익이 생기기 시작하는 손익분기점을 더 낮추어서 이익을 빨리 낼 수 있습니다.

　다음은 한우를 분석합니다. 한우의 고정비 5백만 원을 공헌이익률 33%로 나누면 한우의 손익분기점 매출액은 1천5백만 원 정도입니다. 즉, 3백만 원짜리 큰 소 5두를 팔면 이익이 생기기 시작한다는 의미입니다. 변동비를 줄이면 공헌이익이 커지고 공헌이익률을 33% 이상 올릴 수 있으면 더 적은 마리의 큰 소를 팔고도 이익을 낼 수 있습니다.

　인삼은 처음 시작하여 6년 또는 4년이 지나야 이익액을 계산할 수 있습니다. 조만수 씨는 6년 동안 수익은 없고 비용만 발생하였다가 수익이 한꺼번에 생기는 이익률 분석은 실익도 없고 복잡하여 포기합니다.

　마지막으로 벼를 봅니다. 고정비 4백만 원이고 공헌이익률 50%이면 손익분기점 매출액은 8백만 원(= 4백만 원÷0.5)입니다. 8백만 원 이상 매상 실적 또는 판매하면 이익이 생기기 시작해서 2천6백만 원어치 벼를 모두 팔면 9백만 원이 남습니다. 벼농사 이익을 더 많이 내기 위해서 변동비와 고정비를 줄일 수 없으면 매출액을 올릴 수밖에 없습니다. 비싸게 팔 수 있는 방법을 찾을 일입니다.

　다음은 영업이익률(= 영업이익 ÷ 매출액)을 봅니다. 연간 영업이익률은 벼(35%) → 표고(25%) → 한우(11% = 28% ÷ 2.5년) → 인삼(5.5% = 33% ÷ 6) 순서로 벼의 영업이익률이 가장 높고 인삼의 영업이익률이 가장 낮습니다(비용 집계방법에 따라 다를 수 있음). 경작 규모를 더 크게 하고 안정된 벼 수매 또는 판매가 이루어진다면 벼 경작이 회계학적으로 가장 유리할 수 있습니다.

그 다음이 표고버섯입니다. 표고버섯의 경우 품질에 따라 판매가격이 다르고, 가공 사업으로 부가가치를 높일 수 있는 연관효과 여부에 따라 그 유리함은 또 달라질 것입니다.

조만수 사장은 이런 자료를 만들어 보고 도원농장이 앞으로 나갈 방향을 더 깊게 고민하기 시작합니다.

제**8**장

비싼 가격에 사주는 고객을 찾아라

내 사랑 참나리꽃

혼란스럽던 주리의 분위기도 어느 정도 수습되어 가고 있습니다. 5개 가공공장 라인 중 떡 공장라인과 잡곡 포장센터라인 표고버섯 가공공장라인은 활발하게 돌아가고 있고, 대기업과의 경쟁에서 밀리는 주류와 장류 공장라인은 가동이 멈춰서 있는 날이 점점 많아지고 있습니다. 그러던 어느 날입니다. H주류 제조회사에서 주리의 전통주 주조공장을 매입하고 싶다는 구체적인 조건이 제시되면서 매각 관련 상담이 시작됩니다. 전통주 주조공장의 매매가 잘 성사되면 대출금 등 자금의 압박에서도 벗어나게 되고 직원 퇴직금 문제도 해결될 것입니다.

조만수 사장은 생각합니다. '도원농원은 내 소유니까 맘대로 처분

하고 정리할 수 있다. 그런데 주리는 내 소유가 아니지 않은가?'

'아니다. 홍 교수가 말했잖은가? 주리는 출자자들 것이지 한 개인의 것이 아니라고. 경매에 넘어가거나 다른 재력가에게 헐값에 매각된다면 그 피해는 클 것이다. 주리와 거래한 사람들도 손해를 볼 것이다. 출자자들은 출자한 돈을 다 떼일 것이다. 직원들은 직장을 잃고 그 가족들은 가난해질 것이다. 주리를 정상화 시키는 것은 여러 사람을 위해서 누군가 해야 할 숙제인 것이다. 그 숙제를 사장인 나에게 해결하라고 권고하는 게 아닌가?'

쾌청한 어느 날 홍 교수에게서 전화가 걸려 옵니다. 박경순 농가주부모임 회장 집으로 오라는 것입니다. 항상 부지런하고 깍듯하며 이웃을 돕는 데 앞장서는 중년 여성입니다. 주리에서 천덕꾸러기가 된 장류공장은 본래 박경순 농가주부모임 회장이 농가주부모임 회원들과 공동으로 운영하던 '지평선표 된장'이 그 모태입니다. 요즘 장류공장을 폐쇄하는 문제를 심각하게 논의 중이어서 아마 그 문제를 상의하려는 줄 알았습니다. 현관문이랑 창문은 모두 열려 있고 얘기소리 웃음소리가 밖에까지 들립니다. 낯선 사람 둘이 더 있습니다.

두 사람 중 한 사람은 서울에 있는 생활소비협동조합 고문으로 있는 홍 교수의 대학동창이고, 또 한 사람은 그곳 이사장인데 이름이 이성기라고 소개하면서 명함을 건넵니다. 공교롭게도 예전에 지평선표 된장을 생협에서 공동구매하면서 인연을 맺고 있던 사이라고 합니다. 인사가 끝나고 자리에 앉으니 생협 고문이라는 사람이 어색한 분위기를 깨면서 말합니다.

"홍 교수, 지난 겨울에 보내 준 표고버섯이 이 동네에서 재배한 건가?"

홍 교수가 무미건조하게 대답합니다.

"그렇다네."

"이 동네는 명소네. 아주 이름 난 명소 같아."

"등잔 밑이 어둡네. 여기 조만수 씨 작품이네."

홍 교수 동창생이 조만수 사장을 보면서 진심으로 칭찬합니다.

"표고버섯이 살지고 탱탱한 게 예술품이었습니다. 맛도 좋고 향은 더 뛰어나고요."

"잘 봐 주셔서 고맙습니다. 보통 일 년에 4회 수확하는데 저희 표고는 연 2회만 수확하기 때문에 품질 면에서 조금 우수하다는 평을 듣고 있습니다."

"생산량은 어떻습니까?"

"연 4회 수확하는 것보다 양적으로는 적어도 쫄깃한 식감이랑 두께랑 2회 수확하는 표고의 품질이 훨씬 좋습니다."

"훌륭합니다."

음성에 진심이 묻어나는 것을 느낍니다.

이성기 이사장이 사진 한 장을 보이면서 말을 꺼냅니다. 조 사장이 보니 어디에선가 많이 본 듯한 꽃 사진입니다. 주황색 꽃잎에 꽃술이 선 참나리꽃입니다. 주변은 그냥 파란 풀밭이고 참나리 꽃대가 빳빳이 서서 까만 점박이 꽃잎을 달고 있습니다. 서너 그루에 십여 송이가 피어 있고, 몇 개의 꽃봉오리도 덜 핀 채 매달려 있습니다.

또 한 장은 뾰족한 붓 같이 생긴 남색 창포꽃 사진입니다. 조만수 씨가 많이 보던 꽃들입니다.

"이 사진이 누리소통망(SNS · 소셜 네트워크 서비스)에 올려져 있어서 수소문 하여 왔습니다만……"

그때야 문득 생각나는 게 있습니다. 며칠 전 논둑에 잡초가 자라 예초기로 풀을 깎은 적이 있습니다. 풀숲 속에 주황색 참나리꽃 주변에는 예초기로 깎고, 꽃대 사이사이엔 꽃대를 살리려고 낫으로 풀을 깎고 있는데, 길을 묻던 젊은 부부가 디카로 참나리꽃 사진을 찍은 적이 있습니다. 아마도 그때 찍은 것을 SNS에 올렸던 모양입니다. 그래서 그게 어쨌단 말인가? 조만수 사장은 심드렁한 표정입니다. 사진 한 장을 또 내밉니다. 시커먼 논둑입니다. 제초제를 뿌린 논둑과 함께 찍혀 비교됐다고 합니다.

홍 교수가 옆에서 결론을 내리듯이 제안을 합니다.

"조 사장!"

사뭇 진지하고 묵직한 음성입니다.

"생활소비협동조합에서 도원농장이 생산한 쌀을 사고 싶답니다. 값도 더 비싸게 팔아 주시겠다는데 어떻습니까?"

다른 논둑들은 모두 약속한 듯이 제초제를 뿌려 시커먼 모습인데 조 사장 논둑만 푸르고, 더구나 꽃도 가꾸는 농장 주인이 가꾼 농산물이라면 믿고 마음 놓고 구입하여 회원들에게 공급해도 되겠다는 믿음이 생겼다고 합니다.

생활소비협동조합은 엄격한 회원제로 운영되며, 신선농산물이나 농산품을 선별하여 공급원을 확보한 정보를 회원들에게 제공하고, 회원으로부터 주문받아 구입하여 공급하는 시스템을 가지고 있다고 합니다. 농장 입장에서는 생협에 공급하고 거기에서 대금결제를 받으면 됩니다.

'제초제 안 쓰고 농약 적게 치려고 애썼던 보람이 있다!'

'앗싸! 꿩 먹고 알 먹고가 아닌가? 그것도 더 비싼 가격으로.'

쾌재를 부르며 돌아오는 길에 '참나리꽃'을 힐끗 보면서 혼잣말로 중얼거립니다.

'천사가 뭐 별 건가? 이성기 이사장처럼 '참나리꽃' 사진 들고 온 게 천사 아닌가! 그런데 표고버섯 좋다고만 하고 팔아 준다는 말은 왜 없는 것일까?' 가을이 기다려집니다.

브랜드가 비싼 값을 받게 해준다

홍 교수 연구소에서 강의를 받은 지 벌써 8개월이 지났습니다. 연구소에 들어서니 언제나처럼 고요합니다. 연구실에는 낯선 손님 4명이 더 있습니다. 무슨 얘기를 나누는 중인지 분위기가 아주 좋게 느껴집니다. 실내에는 전통 차 향기가 그윽합니다.

"조 사장, 어서 오십시오. 인사들 나누시지요."

일행 중에 한 사람이 아는 체를 합니다.

"아! 이 분이 참나리꽃 사장님입니까?"

홍 교수가 며칠 전 일어났던 얘기를 미리 하였던가 봅니다.

분위기상 회계 강의는 안되겠다고 생각합니다.

그런 눈치를 챘는지 홍 교수가 말합니다.

"조 사장 오기 전에 생협 이사장 왔던 얘기랑 매출을 늘리는 방법에 대해서 의견을 나누고 있었습니다."

그러면서 조 사장에게 도원농장에서 생산한 쌀의 브랜드를 만들 것을 권고합니다.

"교수님, 그게 말이 됩니까? 저희 같은 작은 농장에 무슨 브랜드입니까? 쑥스럽잖습니까?"

"무슨 말씀입니까? 참나리꽃 덕분에 비싼 값으로 쌀을 팔 수 있었잖습니까. '보이지 않는 현금창출박스' 노릇을 톡톡히 하면 그게 브랜드입니다. 그러니까 '보이지 않는 고정자산(현금창출박스)'이 브랜드라는 의미입니다. '참나리꽃 쌀' 어떻습니까?"

그 브랜드로 '참나리꽃'을 추천하고 있습니다. 그렇습니다. 참나리꽃 덕분에 쌀을 많이, 비싼 가격으로 팔고 현금을 받는 것은 분명히 영업순환과정의 일부입니다. 고정자산이라는 현금창출박스에서는 현금→재공품→제품→외상매출금→현금의 영업순환과정을 끊임없이 반복하고 있습니다. 영업순환과정에 '참나리꽃'처럼 브랜드가 있으면 더 많이 더 비싸게 더 빨리 영업순환이 된다는 말이 아닌가?

브랜드가 그만큼 중요하다는 것입니다.

"교수님, 브랜드에 대해서 좀 더 알고 싶습니다."

"우리나라 국가 브랜드가 세계 17위, 대한민국 하면 전 세계 국가 중에서 17번째로 좋게 인정한다는 뜻입니다. 우리나라 제품의 선호도나 이미지 면에서 그 정도로 좋아한다는 의미지요. 기업 중에는 애플이 1위입니다. 삼성은……"

물 한 모금 마시는 사이에 조만수 씨가 궁금해 못 견디겠다는 듯

다그치며 묻습니다.

"삼성은 몇 위 정도나 됩니까?"

"애플 다음 2위에 올라 있습니다. 삼성 로고만 보고도 비싼 값에 믿고 삼성 물건을 소비한다는 뜻이기도 합니다. 브랜드가 물리적으로는 상표·로고의 뜻이지만 그냥 머리에 떠오르는 이미지라고 생각하면 됩니다."

"브랜드가 경영에 어떤 영향을 줍니까?"

"브랜드 가치를 높이면 같은 상품이라도 더 비싼 가격을 받을 수 있습니다. 똑같은 상품이라 하더라도 브랜드가 있는 회사의 상품이 브랜드가 없는 회사의 상품보다 현금을 더 많이 벌어들일 수 있다는 뜻입니다. 농산물도 똑같습니다. 브랜드가 있는 농산물과 없는 농산물을 똑같이 대접하지 않는다는 뜻입니다. 농장의 브랜드도 그러합니다. 판매량도 차이가 나겠지만 비싸게 판매할 수 있으니까 현금 수입액은 더 크게 차이가 나겠지요?"

홍 교수의 강의는 좋은 농산물을 비싸게 많이 팔아서 현금을 많이 벌어들이게 하기 위해서 브랜드를 개발하고, 브랜드 가치를 높이기 위해서 힘써야 한다는 것입니다.

조 사장은 신세계에 들어온 호기심으로 묻습니다.

"브랜드를 관리하자면 어떻게 해야 합니까?"

"첫째로, 이야깃거리가 있어야 합니다. 참나리꽃에 얽힌 사연은 좋은 사례입니다. 이야깃거리를 자꾸 만들어서 사람들 입에 오르내리게 해야 합니다. '한눈에 반한 쌀'은 영국에 수출한다는 방송에 나온 이후 브랜드 가치가 올라 더 비싼 가격으로 거래되고 있습니다. 쌀을 영국에 수출한다? 이야깃거리가 되잖습니까?

둘째로, 마니아층을 가지고 있어야 합니다. 생활소비협동조합의 우수한 회원과 거래할 수 있는 것은 큰 행운입니다. 생협 회원들에게 정성을 다해서 잘 사귀도록 하십시오. 조 지라드가 찾아낸 '250의 법칙'이라는 게 있습니다. 예를 들어 생협 회원 한 사람이 250명의 고객을 데려다 준다는 원리인데, 그 한 사람을 250명만큼 소중하게 여겨야 한다는 것입니다. 또한 SNS리더를 확보할 수 있도록 노력해 보십시오.

셋째로, 끊임없이 계속해서 관리하는 것이 가장 중요합니다. 이것은 뒤에 나오는 '신규 고객에 집중하라'에서 참고하면 됩니다.

그러니까 브랜드 가치를 높이기 위해서는 이야깃거리가 있어야 하고, 마니아층을 가지고 있어야 하되 그 마니아층 구성원 한 사람 한 사람을 250명만큼 귀하게 관리하는 것이 브랜드 가치를 높이는 방법이라는 것입니다."

홍 교수가 묻습니다.

"주리에서 생산하는 제품의 브랜드는 몇 종류나 됩니까?"

조 사장은 갑자기 아뜩한 기분이 듭니다. 몇 종류인지 세어보지도 않았습니다. 사장이 브랜드 종류의 숫자도 모르니 브랜드 가치를 높이기 위한 노력은 없었을 것입니다. 손가락을 꼽으면서 같이 세어봅니다.

"전통주 3개, 장류 3개, 표고버섯 5개, 잡곡선별포장 5개, 가래떡 5개 도합 21개의 브랜드가 있습니다. 브랜드당 제품 용기포장별로 분류하면 그 종류가 100개도 넘을 것입니다."

조 사장도 깜짝 놀랐습니다. 이렇게 많은 브랜드와 제품 종류를 무심코 지나쳐 보아 온 것입니다. 자그마한 농업회사법인인 ㈜주리가 감당하기에는 너무 많은 가짓수를 벌려 놓은 것입니다.

"스마트하고 간단한 규모이어야 집중해서 성장시킬 수 있습니다."

홍 교수가 손가락을 툭 튕기면서 말합니다.

24

신규 고객에 집중하라

주리가 부딪친 가장 큰 고민은 신규 고객의 수가 증가하지 않는다는 것입니다. 주리의 제품이라면 불타나게 구매하던 고객의 손길이 언제부터인가 끊어지고 만 것입니다. 이런 사정을 평소에 들여다보고 있었다는 듯이 홍 교수가 묻습니다.

"주리의 브랜드 숫자, 제품종류가 늘어난 것 만큼 신규 고객의 수도 늘었을까요?"

"신규 고객이 늘기는 커녕 현상 유지도 못하고 있습니다."

그렇습니다. 신규 고객의 숫자가 증가하지 못하였으니까 판매량도 줄고 손익 상태도 개선되지 못하고 있는 것입니다. 신규 고객을 늘리기 위해 기업들은 거액의 광고비를 쏟아 붓고, 브랜드 가치를 높이기 위해 피나는 노력을 하고 있습니다.

"여러분에게 이야기 하나 해 줄 테니까 이야기 속에서 교훈을 얻어 보세요. 제목은 '두 사람의 다른 텔렉스'인데 우린 어느 세일즈맨의 시각을 가지고 있을까요?"

신발을 생산하는 회사에 몸담은 두 사람의 세일즈맨이 아프리카로 출장을 갔습니다. 이유는 신시장 개척지로서 아프리카의 가능성을 살펴보기 위함이었습니다. 그런데 정작 아프리카에 도착했을 때 그들 세일즈맨은 기가 막힐 수밖에 없는 상황에 맞닥뜨렸습니다. 아프리카인들 모두가 신발을 신지 않고 그냥 맨발로 다니고 있는 것입니다. 한동안 그곳을 답사한 두 사람은 후에 본사로 다음과 같은 텔렉스를 보냈습니다.

한 사람의 텔렉스 내용은 다음과 같았습니다.

"신발 수출 불가능. 가능성 0%. 전원 맨발임."

그리고 또 한 사람의 텔렉스 내용은 다음과 같았습니다.

"황금시장. 가능성 100%. 전원 맨발임."

보는 눈에 따라 부정적인 시각을 가진 사람은 그곳의 상황이 가능성 0%로 보였을 것입니다. 그러나 긍정적인 시각을 가진 사람은 같은 그 상황이 가능성 100%로 보이게 되어 있습니다. 이것은 모순이 아닙니다. 누가 맞고 누가 틀리고가 아닙니다. 보는 사람에 따라서 이것은 진실입니다. 자, 그럼 우리는 어떻게 보아야 하겠습니까.

물론, 긍정적 시각을 가지고 신규 고객을 개척할 일입니다. 마니아층을 만들고 고객을 유지하고 확대하는 일에 힘을 쏟아야 합니다. 문제는 어떻게 해야 하는가 입니다. 낯선 손님 중 날씬하게 생긴 사람이 질문합니다.

"교수님, 아까 말씀하신 조 지라드 '250 법칙'에 대해서 설명해 주세요. 신규 고객을 개척하는 일이랑 어떤 관계가 있습니까?"

"예, 김 지사장님."

김 지사장이라는 사람은 어느 공기업 지사장을 끝으로 퇴직한 귀농인입니다.

홍 교수가 설명하는 '250 법칙'의 내용은 다음과 같습니다.

조 지라드는 세계 최고의 자동차 세일즈맨입니다. 그는 판매원으로서는 큰 약점인 말더듬이었습니다. 그러나 고객을 향한 지극한 정성으로 이러한 약점을 극복하고 성공할 수 있었습니다. 조 지라드는 매달 수많은 카드를 고객에게 보냈습니다. 자동차를 팔기 전에 카드를 보내는 것이 아니라 팔고 난 다음에 감사 카드를 보냈던 것입니다. 그의 비결은 열심히 새로운 고객을 찾아 나선 것이 아니라 인연을 맺은 첫 고객에게 집중한 결과라고 말합니다.

250의 법칙이란, 결혼식이나 장례식 같은 인생의 중요한 행사에 참석하는 사람이 평균 250명 정도라는 사실을 발견한 데서 시작합니다. 결혼식의 경우 신랑 측과 신부 측이 각각 250명씩이라는 것입니다. 결혼이나 장례 같은 인생 중대사에 참석하는 사람들이라면 초청하는 사람이 그 250명에게 영향력을 미칠 수 있다는 것을 조 지라드는 발견합니다. 그러므로 고객 한 사람은 단순히 한 사람이 아니라 250명에게 영향력을 미칠 수 있는 중요한 존재라는 것입니다. 따라서 한 사람의 신뢰를 얻으면 250명의 잠재고객을 얻게 되고, 한 사람의 신뢰를 잃게 되면 250명을 잃게 되는 것과 마찬가지라는 것입니다. 그때부터 조 지라드는 한 명을 대할 때 250명을 대하듯 정성을 쏟았다고 합니다.

만약 우리가 어떤 한 사람에게 정직하고 겸손하며 유쾌한 사업가라는 평판을 얻게 된다면 250명에게 그런 사람으로 평가받을 수 있는 것이고, 건방진 말투로 대하거나 화나게 만든다면 우리의 주머니를 현금으로 채워줄 수 있는 250명을 잃게 되는 것입니다.

홍 교수가 250 법칙의 결론을 맺습니다.

"지라드 250의 법칙을 머릿속에 잘 기억하십시오. 그리고 사람들을 대할 때마다 250명에게 영향을 주는 귀한 고객을 상대한다는 생각으로 정성을 쏟으십시오."

신규 고객을 만드는 것도 중요하지만 유지하는 것은 더 많은 관심과 정성이 있어야 한다는 것입니다.

홍 교수가 5명을 둘러보면서 묻습니다.

"매출을 늘리는 방법에는 또 어떤 방법이 있겠습니까?"

"제가 아는 농장에서 큰 마트에 납품하게 됐다고 자랑하는 것을 보았습니다만⋯⋯대량 거래처를 개척하는 것도 좋겠습니다."

강의 내용을 한 마디도 놓치지 않으려는 듯 가장 열심히 필기하던 뚱뚱한 오 선생이 한 마디 합니다. 쑥스러운지 얼굴이 붉어집니다.

"대량 거래처와 거래하면 매출이야 늘겠지만 인연이 닿아야 거래를 틀 수 있는 게 문제입니다. 수량 맞추기도 힘들지 않습니까?"

"그림의 떡입니다."

한 마디씩 의견을 말하는데 조만수 사장만 말이 없습니다.

홍 교수가 힐끗 보면서 묻습니다.

"조 사장 생각은 어떻습니까?"

"대량 거래처에 납품하면 당장에는 좋다고 생각합니다. 장기간 거래가 보장된다면 말입니다."

조만수 사장은 ㈜주리에 표고버섯을 납품했다가 크게 손해를 보고 있는 중입니다. 주리에서 개발한 표고가공제품이 처음에는 폭발적인 인기를 누려서 생산시설을 늘리고 원재료인 표고버섯이 모자라게 됩니다. 5개 종류의 표고버섯 가공제품을 개발한 초기에는 도원농장의 생산량으로는 그 수요를 충당하지 못하여 다른 농장의 표고도 비싼 값으로 공급 받아 제품을 생산하면서 승승장구 하였습니다. 그러나 언제부터인가 소비자로부터 외면당하기 시작하여 요즘엔 명절 이외엔 조금밖에 판매되지 않고 있습니다. 조만수 사장은 주리의 판매량과 자금력을 믿고 표고버섯 생산량을 늘리기 위해 비닐하우스를 더 짓고, 표고목도 4천만 원을 더 투입하여 준비하였지만 겨우 7백만 원 밖에 건지지 못한 바 있습니다. 표고버섯 외상값 1천5백만 원은 아직 못 받고 있고, 버섯재배용 비닐하우스 설치비용은 그냥 묶여 있습니다. 그때 초과 생산한 표고버섯은 아직도 냉동 창고 속에 천여만 원어치나 쌓여 있습니다.

도원농장이 자금 압박 받는 원인은 그 때문입니다. 홍 교수가 잠시 쉬었다가 강의를 시작합니다.

"안정적으로 대량 거래처와 거래하면서 대금 결제를 원만히 받을 수 있으면 아주 바람직한 모습입니다. 그러나 대량 거래처의 경우에는 거래 담당 직원이 수시로 바뀌게 되는 경우가 많습니다. 새로운 담당 직원은 그 거래가 시작된 사연을 모르고, 오직 금액만을 보고 거래를 계속할지 여부를 판단합니다. 그래서 새로운 거래처를 개척하듯이 어려운 일이 생길 수 있습니다. 또 어떤 경우에는 대량으로 거래를 잘하는 척 신용을 쌓은 후 잠적하여 물건도 돈도 모두 떼이기도 합니다. 언제나 불안한 거래관계를 각오해야 합니다."

조만수 사장이 옆에서 자기 경험을 말합니다.

"제 경험으로는 언제나 외상이어야 하는 것이 가장 힘들었습니다."

"그렇습니다. 대량거래 납품을 믿고 이를 공급하기 위하여 많은 시설투자를 하여 자금이 묶여 있을 때, 농산물 납품대금이 외상이면 농장 입장에서는 자금압박을 받지 않을 수 없게 됩니다. 회계 상으로는 분명히 이익이 생겼는데 현금이 없는 대표적인 케이스입니다. 영업순환과정에 붙어 있는 진드기 같은 숨은 그림입니다."

열심히 받아 적던 오 선생이 불쑥 질문을 합니다.

"진드기가 숨은 그림입니까?"

좌중은 웃음바다가 됩니다. 오 선생은 '숨은 그림' 강의를 받은 적이 없어서 이해하지 못하였던 것입니다. 홍 교수가 간단히 설명해 줍니다. 아마도 어떤 자세로 대량 거래에 대한 마인드를 가지는 것이 좋겠는가를 질문하는 것 같습니다.

"대량거래의 시작은 보통 좋은 인간관계나 특별한 사연이 있어서 이루어졌어도 숫자로 나타나지 않는 부분은 제대로 평가 받지 못합니다. 문제는 대형 거래처에 의존하는 체제를 만들어 버리면 그 거래가 어떤 사유로 중단되었을 때 납품하던 농장이 함께 주저앉을 수 있는 위험이 있다는 것입니다. 따라서 농장 입장에서는 적어도 좋으니 최대한 많은 거래처를 만들어야 합니다."

지금껏 조용하던 달래농장 김 대표라는 사람이 중얼거리듯 한 마디 합니다.

"대량 거래는 그냥 위기를 업고 있는 것 같겠습니다."

홍 교수가 옳다구나 이야깃거리를 꺼내는 눈치입니다.

'비관론자는 매번 기회가 찾아와도 고난을 본다. 낙관론자는 매번 고난이 찾아와도 기회를 본다' 윈스턴 처칠의 말입니다. 사실입니다.

이를 입증하는 실례를 들어 봅시다.

유다인 레비 스트라우스(Levi Strauss)는 미국으로 이민을 와서 뉴욕의 주택을 돌며 직물 판매하는 일을 하다가 1853년에 샌프란시스코로 이주하여 금광 주변에서 천막 만드는 일을 했습니다.

어느 날 군납 알선업자가 레비 스트라우스에게 10만여 개 분량의 대형 천막 천을 납품하도록 주선하겠다고 제의했습니다. 뜻밖의 행운을 잡은 레비는 큰 빚을 내어 공장과 직공을 늘리고 밤낮으로 생산에 몰두하여 주문량을 모두 만들어 냈습니다. 그런데 군납의 길이 막혀 버려 천막 천은 모두 쓰레기가 될 판이었습니다. 그는 파산 직전까지 몰리게 되었습니다. 어찌할 바를 모르고 있던 어느 날 주점에 들렀다가 금광촌의 광부들이 옹기종기 모여 앉아 해진 바지를 꿰매고 있는 광경을 보게 되었습니다. 그는 무심코 이렇게 중얼거렸습니다.

'바지 천이 모두 닳았군. 질긴 천막 천을 쓰면 좀처럼 닳아지지 않았을 텐데…'

그 순간 번득이는 아이디어 하나가 떠올랐습니다. 그는 두꺼운 천막 천을 잘라 기워 최초의 '청바지' 한 벌을 만들어낸 것입니다. 청바지는 날개 돋친 듯이 팔려 나갔습니다. 엄청난 천막 천이 오늘날 세계적으로 유명한 리바이스(Levis→이름Levi + Strauss의 S) 청바지로 재탄생된 것입니다. 레비 스트라우스에게 위기는 진정 큰 기회였습니다.

조만수 사장은 속으로 바쁘게 생각합니다.

'그래, 냉동창고에 쌓인 표고버섯도 날개 돋친 듯이 팔려나갈 때가 있겠지.'

주리와 얽힌 표고버섯과 너무나 비슷하게 전개되는 이야기이기 때문입니다.

제 9 장

눈속임 그림,
분식회계

25 술 지게를 지다
26 분식회계의 유혹
27 경영자는 왜 분식회계를 하는가?

25

술 지게를 지다

㈜주리의 분위기는 구조개혁 작업으로 어수선한 편입니다.

몇몇 임직원들이 불만을 터트리기는 하여도 전임 최 회장이 가지고 있는 모든 의결권을 후임인 조만수 사장에게 위임하였고 다른 출자자들도 거의 만장일치로 구조개혁 절차에 동의하고 있습니다.

드디어 국내 굴지의 H주류제조회사에서 ㈜주리의 전통주 공장과 주류 제조면허 일체를 매매하는 협의가 마무리 단계에 들어섰고, 주리는 구조조정작업에 열을 올리고 있는 중입니다.

㈜주리는 송이 전통주 제조면허 외에 두 가지 주류(탁주와 과일기타제재주) 제조 면허를 더 가지고 있습니다. 최근에 원가분석을 비롯한 경영분석을 한 결과 실적부진이 더 심해지고 있고 영업현금흐

름은 더욱 악화되고 있습니다. 주리의 경영진에서는 주류제조공장을 폐쇄하든지 매각 처분할 기회만 보고 있던 중이었습니다. 그런데 대기업 H주류제조회사에서 ㈜주리의 재무제표와 부속서류를 검토한 후 주리의 전통주 공장을 70억 원에 매매하기로 주리와 합의하고 인수인계 절차를 진행 중입니다.

70억 원이면 그동안 밀렸던 대출금 이자는 물론 원금까지 전액 상환할 수 있습니다. 쌓여 있던 원재료 외상매입금이랑 각종 미지급금까지 모두 정리하고도 몇 십억 원이 남습니다. 모두들 희망에 부풀어 분위기는 날아갈 듯 좋습니다. 공장을 인수할 대기업에서는 인수 절차상 공장실사를 합니다. 원재료별·제품별 재고원장과 실물을 대사하고 기계장치 등을 세밀하게 장부와 대조합니다.

그러던 중 일이 터집니다. 공장 인수인계 절차 중 분식회계가 들통나서 인수인계 절차가 중단될 위기에 봉착합니다. 70억 원이 날아갈 판입니다. 주류 공장의 처분 실무를 맡고 있는 배병호 총무부장이 보고용지를 펼치면서 보고합니다.

"죄송합니다. 예상치 못한 일이 생겼습니다만……"

"어떻게 된 일인지 설명해 보세요."

총무부장은 밝혀진 문제점을 다음과 같이 요약 보고합니다.

"첫째, 원재료가 부족합니다. 원재료(자연산 송이) 재고자산원장에 있는 자연산 송이 70㎏, 원가 840만 원어치의 실물이 없습니다.

둘째, 송이주 제품 재고가 9660만 원이 과대계상되어 있습니다. 매년 증가 추세에 있음이 밝혀졌습니다.

셋째, 외상매출금 1억3천만 원이 허위 과대계상되어 있습니다.

아직 팔리지 않은 전통주를 팔린 것처럼 서류를 적당히 꾸며서 매출로 처리하는 동시에 외상매출금으로 처리하였던 것입니다.

넷째, 비용 5백만 원을 자산으로 처리하여 순이익을 부풀렸습니다."

총무부장은 심각한 표정으로 다음 말을 끝으로 보고를 마칩니다.

"H주류제조회사 인수팀은 일단 인수절차를 중지하고 철수하였습니다."

이 보고를 받고 조 사장은 즉시 임원간부 확대회의를 소집하여 지금까지 일어난 일들을 설명하고 그 수습 방안을 회의에 부쳤습니다.

그 결과는 다음과 같이 처리하기로 결정하였습니다.

첫째로, 자연산 송이의 재고부족은 생산담당 김영근 이사와 공장장 심춘보 씨가 공모하여 송이를 빼돌린 것으로 밝혀졌습니다. 송이가 들어 있는 박스 몇 개는 눈에 보이는 앞쪽으로 쌓아 놓고, 빈 박스를 뒤쪽으로 쌓아서 박스 하나씩 일일이 조사하지 않으면 알 수 없도록 눈속임하여 자연산 송이를 빼돌린 것입니다. 절도 행위이지만 고발은 하지 않고 변상처리하게 하는 동시에, 사표를 받고 생산이사 직과 공장장 자리에서 각각 물러나게 하였습니다.

예전에 구조개혁에 반대하던 이유가 밝혀진 셈입니다.

둘째로, 제품 재고자산과 외상매출금을 허위로 과대계상하고, 비용을 자산으로 처리하여 당기순이익을 실제보다 크게 나타나게 하여 결과적으로 배당을 많이 하게 한 건입니다. 당기순이익을 거짓으로 크게 하여 배당을 많이 하도록 한 것은 출자자들이 모두 가까운 이웃들이고, 자기가 출자한 자금을 미리 찾아간 것으로 보기로 하였습니다. 조 사장이 대표로 취임하기 전에 일어난 사건들입니다. 이런 것들과 연결되어 얼마 전에 대표와 직원들이 구속되었고 아직 미결인 것들입니다.

셋째로, H주류제조회사와의 매각에 관한 전권을 조만수 사장에게 맡기고 처분 결과에 모두 승복하기로 결정하였습니다. 이제 남은 것은 조 사장의 협상력에 회사의 운명이 달린 셈이 되었습니다.

모두들 후읍, 크게 심호흡을 합니다.

26

분식회계의 유혹

이번 강의는 조 사장이 급한 마음에 홍 교수에게 간청하여 미팅 시간을 앞당겼습니다. 주리의 주류공장 매각 건이 심각한 장애물을 만나서 조 사장의 마음은 바쁘기만 합니다.

소문을 들어서 이미 알고 있다는 듯 홍 교수가 질문을 던집니다.

"조 사장, 재무상태표 내용과 현장에서 실제 조사한 내용이 다르다면 어느 쪽을 진실한 것으로 취급해야 합니까?"

며칠 전 전통주 제조공장을 매각하는 절차에서 장부상 내용과 실제 재고량을 비교하고 그 내용이 일치하지 않는다면서 인수팀이 철수한 것을 생각합니다. 자연산 송이는 실제 있던 것이 사고로 없어졌는데도 장부상으로만 존재하는 경우입니다. 장부상 수량보다 실제 수량이 더 줄어든 것입니다.

제품 재고와 외상매출금은 실제보다 장부상으로 부풀려 놓아 어떻게 부풀렸는지 아무도 모릅니다. 실제 수량·금액보다 장부상 수량·금액이 더 늘어난 것입니다. 실제 재고도 믿을 수 없고 장부도 진실한 내용을 나타내지 못하는 듯합니다. 문득 인수절차를 진행하던 팀들이 철수하면서 총무부장에게 부탁했다는 말을 떠올립니다.

'재고자산과 외상매출금을 실제 내용대로 장부를 고쳐 주십시오. 재무상태표를 믿을 수 없습니다.'

조 사장은 잠시 생각합니다.

'맞아, 실제 조사한 내용대로 장부를 고쳐야 해. 현장에서 실제 조사한 내용이 진실일거야.' 조 사장이 조심스럽게 대답합니다.

"교수님, 헷갈리기는 한데 말입니다. 제 생각으로는 실제대로 장부를 고치고 재무상태표를 다시 만들어야 진실에 가깝다고 생각합니다만…"

"그렇습니다. 재고자산과 외상매출금 같은 과목은 특히 실제 내용이 중요합니다. 특히 눈여겨 보아야 할 계정과목입니다."

홍 교수는 노트에 재무상태표 양식을 그립니다.

재무상태표는 좌우의 합계금액이 똑같이 균형을 이루고 있어 밸런스 쉬트(Balance Sheet : B/S → 대차대조표)라고도 부릅니다.

만약 어떤 방법으로든지 왼쪽 자산을 사실 이상으로 부풀려 보이게 할 수 있다면 오른쪽에 있는 이익도 부풀려진 금액만큼 증가한 것처럼 보이게 할 수 있습니다. 대차평균의 원리 때문입니다.

이것이 가공이익이며 분식회계의 기본원리입니다. 분식회계는 사라져야 할 경영범죄입니다. 범죄이기 때문에 법으로 처벌 받을 수 있습니다.

분식회계의 한자 뜻은 '가루 분(粉)과 꾸밀 식(飾)' 즉 가루로 분칠해서 예쁘게 꾸민다는 뜻입니다. 재무제표를 멋있게 분칠하고 꾸며서 정보이용자를 현혹시키는 것입니다.

분식회계는 없는 재고자산을 있다고 부풀리거나, 판매하지도 않았는데 매출로 수익을 잡고 외상매출금을 채권자산으로 기록하는 방법으로 이익을 교묘하게 부풀립니다. 그러면 외부에는 좋은 실적을 낸 것처럼 보이게 할 수 있습니다. 철저한 눈속임 그림인 것입니다.

<재고자산, 외상매출금의 과대계상과 가공의 이익과의 관계>

눈속임 재무상태표

유 동 자 산 고 정 자 산	부 채 자 본
가공의 재고자산	가공의 이익
가공의 외상매출금	

왼쪽에 재고자산과 외상매출금을 거짓으로 늘린 만큼 오른쪽에 가공의 이익이 생기게 한다.
(대차평균의 원리를 이용한 분식회계의 원리)

"재고자산을 이용한 분식회계에는 어떤 수법이 있는지요?"

"수량과 단가를 부풀리는 것입니다."

재고자산 원장장부에 실제 수량보다 더 많은 숫자를 고쳐 써 넣든가 가공의 상품·제품을 끼워 기록하여 수량을 실제보다 부풀립니다.

단가로 조작하는 수법은 더 쉽습니다. 단가를 두 배로 하면 재고 금액도 두 배가 됩니다.

재고자산을 이용한 분식회계 부정은 보통 이 두 가지 방법을 혼합해서 이루어집니다. 재고금액을 부풀리면 그 부풀려진 금액만큼 이익도 부풀려집니다. 그런데 조만수 사장은 갑자기 한 가지 의문이 생깁니다.

'재고 금액을 가짜로 크게 하면 재무상태표의 대차평균의 원리에 의해서 이익도 그만큼 가짜로 늘어나게 된다는 것은 알겠는데, 손익계산서의 이익은 어떻게 늘어나는 것일까? 재무상태표와 손익계산서의 이익은 똑같이 일치하는 금액이 아닌가?'

"교수님, 재고자산을 부풀리면 재무상태표 순이익이 증가한 금액만큼 손익계산서의 순이익도 부풀려지는 이유를 알고 싶습니다."

"조 사장의 회계실력도 과연 많이 늘었습니다. 부풀려지는 것이 당연합니다. 재고자산이 늘어난 금액만큼 매출원가가 적어지기 때문에 이익이 크게 나타납니다."

홍 교수가 노트에 그 공식을 꼼꼼하게 써 줍니다.

기초재고액 + 당기매입액(또는 당기제조액) − 기말재고액 = 매출원가(또는 제조원가)
매출액 − 매출원가(또는 제조원가) = 매출총이익

위 계산식에서 기말재고액이 어떤 사유로 크게 나타난다면 매출원가는 그만큼 적게 나타나게 되고, 매출액에서 적게 나타난 매출원가를 빼면 그만큼 이익은 크게 나타나서 재무상태표에서 엉터리로 커진 이익만큼 손익계산서의 이익도 크게 나타나게 됩니다.

"이번에는 내가 조 사장에게 하나 물어보겠습니다. 가공의 외상매출금을 늘리려면 어떤 수법을 쓸 수 있겠습니까?"

이것은 간단합니다. 실제 매출 거래가 있었던 것처럼 가짜 서류를 꾸밉니다. 즉, 팔리지 않은 제품을 팔린 것처럼 하면 됩니다.

"재고자산과 외상매출금 이외에 어떤 분식회계 수법이 또 있을 수 있겠습니까?"

당기 비용을 다음 기로 넘기면 이익을 늘릴 수 있습니다. 당기의 업무추진비나 출장비, 또는 광고비 등을 가지급금 또는 선급금과 같은 적당한 자산계정으로 처리하고, 다음 기에 해당 비용으로 정리한다면 그 금액만큼 당기의 이익을 부풀릴 수 있습니다. 또한 현금을 도난당했거나, 자산이 사고로 파손되어 손실이 났는데도 그런 사고가 없었던 것처럼 결산을 한다면 실제적으로는 이익을 부풀린 셈인 것입니다.

경영자는
왜 분식회계를 하는가?

조만수 사장은 한편으로 부끄러운 생각이 들었습니다. 조 사장이
㈜주리에 들어오기 이전에 일어난 분식회계로 문제가 발생한 것이기
는 하지만 재고자산이나 외상매출금으로 분식결산한 것 정도는 조금
만 세밀하게 따져 보았으면 미리 대처할 수 있었던 것입니다. 그러
한 눈치를 챘는지 홍 교수가 위로하듯 말머리를 돌립니다.

"조 사장, 속이려고 숫자를 교묘하게 위장하는 것은 그 진실을 찾
기가 쉽지 않습니다. 원칙대로 결산서를 작성하면 되는데도 결산을
하는데 나름대로 대책이 필요한 이유가 있는 것입니다."

"그 대책이라는 것이 이익을 조정하려는 것인지요? 왜 경영진은
이익수준을 조정하여 분식결산을 하려고 하는 것일까요? 이익은 많

이 나야 좋은 게 아닙니까?"

"주리의 경우 초창기에는 순이익도 많이 나고 배당도 많이 하였다면 그 다음 해에도 좋은 실적을 기대하였을 것입니다. 그러다가 어떤 이유로든 이익이 갑자기 줄어들면 경영진의 능력에 대한 부정적 평가가 나타날 것입니다. 그래서 경영자와 경리책임자들은 이익 수준을 너무 급격히 떨어뜨리지 않고 완만한 속도로 유지하고자 하려는 경향이 있습니다. 대강 그런 이유로 결산서를 멋있게 보이게 하려고 분식했을 것입니다."

조만수 사장은 분식회계의 목적을 조금은 이해할 수 있게 되었습니다. 경영체가 건강한 척 으스대기 위해서 거짓으로 결산서를 만드는 것입니다.

"교수님! 분식회계를 하면 경영체에 어떤 이득이 있습니까?"

"분식회계를 한다고 해서 경영체의 사정이 호전되지는 않습니다. 그걸 알면서도 어떤 상황이 오면 경영자는 분식회계를 하는 것입니다."

앞에서 설명한 이익수준을 조정하려고 분식결산을 하기도 하지만 경영체가 자금난에 직면하면 분식회계의 유혹에 빠지기도 합니다. 실적부진이 이어지면서 자금상황이 안 좋다는 소문이 나면 경영체의 소문은 나빠집니다. 이렇게 되면 무너지는 것은 시간문제입니다. 금융기관도 적자 기업체에는 추가대출을 해주지 않습니다. 오히려 일부라도 상환하라고 압박합니다.

그럴 때 분식회계로 분칠하고 가꾸어서 떨어지는 이미지를 살리고 추가대출도 받을 수 있어서 회생할 수 있는 기회로 삼으려고 합니다.

다만, 들키지 않는다면 말입니다. 결론적으로 경영자가 분식회계를 하는 이유는 이익 때문입니다. 즉, 출자자와 대출을 해준 은행이나 거래 관련 채권자는 최종적으로 이익에만 관심을 보이기 때문입니다. 실제로 경영체의 생사여부를 결정하는 것은 이익이 아니라 현금이 얼마나 있느냐? 현금 조달능력이 어떠한가에 달려 있는데도 재무제표 상의 이익만 보고 경영체를 판단하는 것입니다.

"대강 그 정도를 바탕에 깔고 눈속임 회계를 하는 것입니다."

홍 교수는 싱거운 설명이라는 듯 말하면서 조 사장에게 묻습니다.

"한 가지 더 물어보겠습니다. 한 번 상품·제품 재고를 이용한 분식회계에 맛을 더 들이면 그 다음 해에는 더 많은 금액의 분식회계를 하게 되는데 왜 그렇겠습니까?"

회계공부를 한 적이 없는 조 사장이지만 어렴풋이 배웠던게 기억이 납니다. 그러나 아직 설명할 실력은 되지 못합니다. 아까 써준 공식을 보면서 대강 알 수 있을 뿐입니다.

"상품·제품 재고를 실제보다 더 많게 계상한다는 뜻은 금년의 비용(매출원가)의 일부를 다음 해로 넘기는 것과 같습니다. 이것을 비용의 이월이라고 합니다. (기말)재고를 크게 나타내면 비용(매출원가)이 적어집니다.

〈기초재고액 + 당기매입액 − 기말재고액 = 매출원가〉
                           ↓   ↓
                   자산을 크게 분식 → 비용을 작게 분식

그 결과 당기 이익은 이월된 금액만큼 많아지지만 그 다음 해의 비용도 그 금액만큼 많아지므로, 즉 커지게 분식한 기말재고가 그 다음 해의 기초재고이므로 매출원가를 크게 하여 이익은 자동적으로 적어집니다. 이익은 수익(매출액)에서 비용(매출원가)을 차감한 개념이라는 것을 기억하십시오."

"이익이 자동적으로 적어지면 적어진 금액보다 더 많이 재고를 늘려 보이게 해야 그 다음 해의 영업실적이 순조로운 듯 고르게 이익을 나타낼 수 있겠네요?"

"그렇습니다. 한번 재고를 조작하면 다음 해의 이익은 그 조작한 금액만큼 적어지게 됩니다. 따라서 그 다음 해에는 더 많이 재고 조작을 할 수밖에 없는 처지가 됩니다. 그러니까 재고금액이 해마다 큰 폭으로 증가하는 경영체는 주의해야 합니다. 주리의 재고금액도 그런 이유로 해마다 늘어서 그 금액이 쌓여 있었을 것입니다."

"진흙 수렁에 빠져 헤어나지 못하는 거군요?"

"맞습니다. 재고를 사용한 분식회계를 그대로 놓아두면 경영 파탄이 올 지도 모릅니다. 언젠가 밝혀질 것이었겠지만 주리의 분식결산이 밝혀진 것은 전화위복이 돼 줄지도 모를 일입니다."

그런데 주리의 분식회계를 임직원들 그 누구도 눈치 채지 못하고 있었습니다. 구속된 전임 최규식 회장과 재무 담당하던 박보영 이사만이 알고 있었던 상황입니다. 전통주 제조공장의 매각 절차를 맡고 있던 총무부장도 재고나 외상매출금이 주리의 규모에 비하여 조금 많다고 느끼는 정도였습니다. 하지만 분식회계라고는 의심하지 않았습니다.

재고나 외상매출금이 많은 경영체는 흔히 있기 때문입니다. 문제는 분식결산서와 정상적인 결산서를 어떻게 구별하는가 입니다.

조 사장이 턱을 쑥 내밀면서 질문합니다.

"결산서를 보는 것만으로도 분식회계를 밝혀 낼 수 있습니까?"

"원리를 알고 나면 알 수 있습니다."

"정말입니까?"

"조금만 머리를 써서 배우면 됩니다."

이렇게 말하고 홍 교수는 분식회계를 찾아낼 수 있는 방법을 설명하기 시작합니다.

"먼저 비교하는 것입니다."

3기분의 재무상태표 과목을 비교해 봅니다. 그 중에서 금액이 갑자기 증가하거나 감소한 과목을 눈여겨봅니다. 금액이 크게 움직인 이면에는 어떤 사정이 있다는 의심을 가지고 그것이 무엇인지를 조사해 봐야 합니다. 또 하나 주의 깊게 볼 것은 계정과목입니다.

재고(원재료 · 재공품 · 제품 · 상품), 외상매출금, 가지급금, 선급금 등은 분식회계에 이용되기 쉬우므로 눈여겨봅니다. 손익계산서도 3기분에 해당하는 계정과목을 비교합니다.

매출액 · 매출원가의 흐름을 분석해 봅니다. 매출액이 갑자기 증가했거나 매출원가가 확 줄었다면 그 이유가 있을 것입니다. 세밀하게 그 이유를 알아보아야 합니다.

"뭐니 뭐니 해도 현장에 직접 가보는 것이 최선일 수 있습니다. 경영자에게 이야기를 듣고 직접 창고 · 공장이나 영업점 같은 현장에 가보는 것입니다. 현장이 해결의 열쇠라는 격언도 있잖습니까?"

조 사장은 회계의 도사라도 된 듯한 기분으로 고개를 끄덕끄덕 합니다. 조만수 사장은 농장으로 돌아오려다가 문득 생각난 것처럼 심각한 표정으로 말합니다. H주류제조회사에서 주류공장 인수 작업

중에 철수한 것이 마음에 걸렸기 때문입니다.

"주리에서 분식 결산한 것을 문제 삼는데 어떻게 해야 할지를 모르겠습니다. 주리 입장에서는 절체절명의 기회인데 말입니다."

홍 교수는 깨끗하게 면도한 턱을 왼손 등으로 쓱 문지르면서 대수롭지 않은 것처럼 대꾸합니다.

"'이기려면 버리라'는 말이 있습니다. 상식·욕심·지위·체면·결과 뭐 그런 거 모두 버리고 승부를 걸어 보십시오. 뭐 특별한 거 있겠습니까? 다른 조건이 무엇인지는 몰라도 줄다리기쯤일 겁니다. 다른 옵션을 걸어 올 테지, 허허허!"

제10장
스마트 농업회계

이기려면 버려라

주리의 경영 환경은 더욱 나빠지고 있는 중입니다. 전통주 분야는 가격·품질·광고 등 모든 면에서 대기업과 경쟁하는 것이 마지막 한계에 이르렀습니다. 전통주 주조공장은 날이 갈수록 점점 더 적자 폭을 키울 뿐입니다.

전통주 주조공장의 매각이 순조롭게 진행된다면 어려운 문제들을 단번에 해결할 수 있습니다. 분식회계 문제로 철수하였던 H주류제조사에서는 며칠이 지났는데도 아무런 소식이 없습니다.

조만수 사장은 가계약 당시의 매매조건을 확인하기 위해 계약서류를 꼼꼼하게 살펴봅니다. 계약의 대상은 '계약서 작성 당시의 주리의 3개 주류제조면허와 제조시설 등' 부동산을 매매하는 방향으로 거래

조건을 제시하였을 뿐, 재고자산은 적혀 있지 않았던 것입니다.

따라서 분식결산으로 가장 큰 금액인 외상매출채권의 과대계상은 문제될 것도 없고, 다만 주류 제조공장과 직접 관련이 있는 원재료와 송이주 제품 등 재고 부족분에 대하여는 시비를 가려야 할 여지가 있습니다. 그 부족분은 계약액 70억 원의 1.5% 정도인 1억5백만 원입니다.

일주일이 지난 후 양쪽 당사자가 마주 앉았습니다. 주리에서 파악한 계약 내용을 차분히 설명합니다. ㈜주리의 입장으로는 명운이 달린 순간입니다. 조만수 사장이 결론을 내립니다.

"일부 분식회계는 인정합니다. 그러나 그것이 이번 매매에 걸림돌이 된다고 생각하지는 않습니다만……"

조만수 사장은 모든 걸 포기한 듯 말을 잇습니다.

"대표인 제가 부족했습니다. 좀 더 세밀하게 살폈어야 했는데 분식결산이라니 부끄럽습니다. 이 거래는 없던 일로 하여야 하겠습니다."

전통주 공장의 매각이 실패로 끝난다면 주리의 앞날은 더욱 힘들게 될 것입니다. 그동안 쌓여 있는 운전자금 미결제액만도 10억 정도 됩니다. 이러다가는 언제 경매로 넘어갈지 모를 실정입니다.

H주류제조회사의 매매담당 책임자와 실무자가 잠시 자리를 떴다가 돌아와 새로운 조건을 제시합니다.

"주리(酒里:술마을)의 브랜드를 넘기십시오. 5%를 더 드리겠습니다."

조 사장은 마음속으로 '앗싸!'를 외치면서 홍 교수의 충고를 휙 떠올립니다.

'맞아! 이기려면 버리랬지? 버리니까 이기잖아?'

조 사장은 플러스 10%를 주장하다가 7%를 더 받는 조건으로 전통주 공장 매각을 결정지었습니다. 4억9천만 원은 브랜드 몫으로 따로 계산한 셈입니다.

29

모든 제품이 왜 적자일까?

전통주 공장을 팔고 주리의 경영 상태는 눈에 띄게 좋아졌습니다. 은행 대출금과 미지급금으로 밀렸던 운전자금을 모두 정리하면서 주리는 가볍고 홀가분한 조직으로 다시 태어났습니다.

조만수 사장은 그동안 배운 회계지식을 되돌아봅니다.

그런데 아직 풀지 못한 숙제가 또 있습니다. 주리의 사업 분야 중 주류공장과 장류공장의 제품이 적자인 것은 감각적으로 이해할 수 있습니다. 대기업과의 경쟁에서 밀린 것이 가장 큰 원인입니다. 그러나 표고가공공장과 떡공장, 잡곡 포장센터의 제품까지 적자인 것은 이해할 수 없습니다. 공장 가동률도 정상이고 매출도 계속 증가 추세인데 적자규모는 점점 더 커져가는 것입니다. 그동안 배운 실력을 모두 동원해 보아도 해답을 찾을 수 없습니다.

이런 의문을 가지고 홍 교수의 강의를 들으러 연구소로 갑니다. 연구소에는 10여명의 학생들이 사례연구를 하고 있습니다. 이 학생들은 농촌일손돕기 활동을 나왔다가 방문한 홍 교수 제자들입니다.

홍 교수의 제안으로 서로 마주 보며 단체로 인사를 나눕니다.

"반갑습니다. 처음 뵙겠습니다."

홍 교수가 준비한 사례를 이야기 식으로 발표해 주면, 제자들이 자유롭게 의견을 발표하고 결론을 정리하는 방법으로 진행합니다.

홍 교수가 사례를 이야기해 줍니다.

노량진수산시장 좁은 뒷골목 안에 10년간 한 자리에서 현금으로만 결제하면서 돈 버는 사업가가 있습니다. 새벽 세 시 반부터 오후 세 시 반까지만 영업을 하고 어김없이 문을 닫습니다. 사람들은 그곳에, 그 시간에 가면 자기가 필요한 기술을 가진 사람이 있다는 믿음을 가지고 몰려갑니다. 그 사람은 칼갈이 '한칼' 전만배 사장입니다. 우리가 배운 현금창출박스라고는 철제 셔터가 있는 조그만 가게, 허름한 탁자와 의자, 회전 숫돌 몇 개가 전부입니다. 칼 하나 가는 공임은 비싼 것은 1만 원, 2만 원짜리 특수한 용도의 칼도 있지만, 3천 원짜리 회 뜨는 칼을 주로 갑니다. 칼 하나 가는 데 4개 과정으로 1분30초씩을 집중합니다. 3천 원씩, 3백 개를 처리해서 하루 매상은 90만 원 정도입니다.

대전에는 칼 만드는 대장간이 있습니다. 3대째 70년간 쌓아온 기술력으로 직접재료비 200원을 들여 2만 원짜리 칼을 만듭니다. 100배의 부가가치를 창출합니다. 현금창출공헌이익은 19,800원(=20,000−200), 현금창출공헌이익률은 99%(= 200÷20,000)입니다. 자동기계망치로 도금하듯이 두드려 쇠를 연마하므로 힘들여 망치질하지 않아도 됩니다. 3대째 쌓아온 기술력으로 만든 제품의 품질은 우수해서 잘 팔립니다. 사장 부인은 매일 아침 현금 200만 원 정도를 은행에

맡깁니다. 재고로 쌓여 있는 칼은 한 자루에 200원씩 묶여 있는 셈이니까. 부가가치 18,000원에 비해서 1% 정도로서 재고부담도 별로 없습니다.

외상도 없습니다. 현금창출능력은 최고입니다. 그래서 몇 십억 자산을 늘려 서민갑부 소리를 듣습니다.

사례를 모두 들은 후 와자지껄한 음성에 히히 하하 웃으며, 서로 툭툭 치면서 빠르게 결론을 냅니다. 대표인 듯한 학생이 좌중을 정돈하고 여럿의 생각을 여섯 가지로 정리하여 홍 교수에게 제출합니다.

첫째, 현금순환속도, 영업순환속도가 빠를수록 현금창출 효과는 커진다.
   (표고생태매운탕 사례와 같음)
둘째, 낭비가 없고 제조 속도가 빠른 공장일수록 이익을 많이 올린다.
셋째, 재료·재공품·제품 등 재고가 쌓여 있지 않을수록 자금 융통이
   원활하다.
넷째, 사업의 종류가 단순할수록, 제품 종류가 적을수록 경영에
   플러스이다.
다섯째, 원재료비 부담이 적을수록 현금창출 능력은 커진다.
여섯째, 고정비 부담이 적을수록 스마트한 경영을 할 수 있다.

일손 돕기 나왔다는 학생들이 돌아간 자리는 적막하기 그지없습니다. 조만수 사장은 메모한 것을 보면서 곰곰이 생각합니다. 그리고 학생들의 결론 내용을 가리키면서 묻습니다.

"이 사례와 결론을 도원농장에서도 그대로 응용할 수 있겠습니까?"

"물론입니다. 기본원리는 모두 통하는 것이니까요. 이 결론에서 눈여겨 볼 항목이 변동비인 원재료비와 고정비가 적을수록 현금창출능

력이 커지고 스마트한 경영을 할 수 있다는 것입니다. 원가가 적으면서도 현금을 끊임없이 창출한다는 것은 원가관리를 잘한다는 뜻이기도 합니다. 오늘은 원가계산에 대하여 알아볼까요? 조 사장도 원가계산에 신경을 쓸 때가 되었잖습니까?"

조 사장은 숨긴 걸 들킨 양 흠칫 놀랍니다. 원가에 의문을 가지고 배우러 왔다는 것을 어떻게 알고 있는지 신기할 뿐입니다.

"오늘 원가계산을 배우고 싶어 한다는 것을 어떻게 아셨습니까?"

"배우는 과정이 그렇습니다. 재무상태표와 손익계산서, 현금흐름표를 배우고, 손익분기점 분석 정도의 실력으로는 경영에 써먹는 데 한계가 있는 게 뻔한 것입니다. 브랜드별 원가에 관심을 가지게 되는 것이 당연합니다. 특히 알고 싶은 것이 있습니까?"

조 사장이 준비해 온 자료를 내보이면서 기어들어가는 목소리로 말합니다.

"브랜드 전부가 왜 적자인지 이유를 모르겠습니다. 주류와 장류는 대기업과의 경쟁에서 밀려서 적자라 하더라도, 표고 · 떡 · 잡곡 3개 품목은 공장가동률도 정상이고 매출도 꾸준히 성장하고 있는데 적자인 이유를 모르겠습니다. 전체 매출총이익이 7억6천만 원 적자입니다. 주된 영업에서 생기는 본래의 이익이 적자이니까 일할 의욕이 꺾입니다."

홍 교수가 주리의 브랜드별 손익계산서를 쓱 훑어보고 한마디 묻습니다.

"제조원가에 들어가는 변동비와 고정비를 어떻게 계산했습니까?"

조만수 사장은 켕기는 마음으로 우물쭈물 망설이다가 대답합니다.

< 브랜드별 손익계산서 >

㈜주리   (단위 : 백만원)

구분	주류	장류	표고	떡	잡곡	합계
매출액	2,800	1,200	1,000	2,100	150	7,250
제조원가	3,100	1,400	1,100	2,250	160	8,010
매출총이익	△300	△200	△100	△150	△10	△760
판매비·일반관리비						140
영업이익						△900

무엇인지는 몰라도 잘못 계산한 것 같은 예감 때문입니다.

"변동비는 제품별로 직접 집계하고, 고정비 계산은 주리 전체의 고정비를 전년도 브랜드별 매출액에 정확히 비례해서 배분했습니다. 판매비와 일반관리비는 별도로 집계하여 제조원가에 넣지 않고 기간비용으로 처리하였습니다. 지금까지 계속하여 그런 방법으로 브랜드별 원가를 계산하여 왔습니다."

홍 교수는 알았다는 듯이 고개를 끄덕입니다. 제조원가란에서 쭉 줄을 긋고, 큰 글씨로 변동비·고정비라고 쓴 후에 고정비를 개별고정비와 공통고정비(간접비)라고 나누어 쓰면서 천천히 강의를 시작합니다.

"변동비와 판매비·일반관리비는 적절하게 처리하였는데, 고정비의 처리방법은 적절하다고 할 수 없습니다. 브랜드별로 고정비를 세밀하게 추적하여 개별고정비를 따로 계산할 수 있어야 합니다. 예를 들어 해당 제품을 생산하는 데 들어가는 인건비·임대료·감가상각비 같은 것들입니다."

"개별고정비만 계산할 줄 알면 됩니까?"

"브랜드별 개별고정비를 정확히 모두 집계하고 남은 고정비는 간접비(공통고정비)로써 원가로 배분하지 않고 기간비용으로 처리합니다.

브랜드별 공헌이익 손익계산서를 작성하면 경영에 유익한 많은 정보를 얻을 수 있습니다."

조만수 사장이 준비해간 자료로 잠깐 동안 작성한 브랜드별 공헌이익 손익계산서는 다음과 같습니다.

< 브랜드별 공헌이익 손익계산서 >

㈜주리 (단위 : 백만원)

구분	주류	장류	표고	떡	잡곡	합계
매출액	2,800	1,200	1,000	2,100	150	7,250
변동비	1,000	900	600	900	70	3,470
한계이익	1,800	300	400	1,200	80	3,780
개별고정비	2,250	500	350	100	10	3,210
공헌이익	△450	△200	50	1,100	70	570
간접비 (공통고정비)						1,470
영업이익						△900
공헌이익률	△16%	△17%	5%	52%	46%	7.8%

주류와 장류의 공헌이익은 각각 4억5천만 원, 2억 원 적자이고 떡, 잡곡, 표고 순으로 흑자를 나타내는 것입니다. 주리 전체의 공헌이익은 5억7천만 원 흑자이고 간접비(공통고정비)를 계산에 넣으면 9억 원 적자입니다. 홍 교수가 새로 만든 공헌이익 손익계산서를 보면서 강의를 계속합니다.

"공통고정비는 개별 제품에 적당히 배부해서는 안됩니다. 공통고정비는 기간비용으로 일괄 처리해야 합니다. 주리의 원가계산방법은 모든 고정비(개별고정비·공통고정비)를 자의적으로 개별 브랜드 제조원가에 배부한 결과, 어떤 것은 해당 제품과 전혀 관련이 없는 원가까지 제조원가로 부담한 것입니다. 예를 들어 주류·장류의 고정비 일부가 떡·잡곡의 제조원가에 포함하여 계산되어 본래의 원가보다 더 커지는 것입니다. 이렇게 원가계산을 하는 경우에 더 커진 원가의 20% 또는 원가의 30%의 이익을 남기도록 판매가격을 결정하려 한다면 고객은 비싼 가격을 내고 소비하려 하지 않을 것입니다. 결국 장사는 안되고 현금 융통은 막히게 됩니다. 올바른 원가계산이 그만큼 중요한 것입니다."

조만수 사장은 현장을 떠올리면서 생각해 봅니다.

'맞아! 주류공장과 장류공장의 시설이 멈춰서 있는 날들이 많았어. 놀고 있는 시설에서 발생한 유지비용을 열심히 일하고 있는 생산라인에 떼 넘긴 셈이야. 그래서 모든 품목이 적자였던 거야. 이런 분석을 왜 진작 못해 봤을까?'

이런 생각을 꿰뚫어 보기라도 하는 듯 홍 교수가 말합니다.

"유휴조업도에서, 그러니까 가동을 하지 않는 시설에서 발생한 원가는 별도의 항목으로 구분하여 관리하여야 합니다. 이를 정상적으로 돌아가는 떡·잡곡·표고의 제조원가와 합하여 원가 대상에 배부하지 않는 것이 옳습니다."

"공헌이익 손익계산서를 보고 의문이 생깁니다. 주리의 사업 중에서 공헌이익이 마이너스인 주류·장류 사업과 플러스인 떡·잡곡·

표고 사업이 경영에 어떤 의미를 가지는지요?"

홍 교수가 좀 더 높은 음성으로 대답합니다.

"주류·장류 사업을 정리하면 연간 6억5천만 원 이익이 증가하는 효과를 가져옵니다. 적자요인(주류 4억5천만 원, 장류 2억 원)이 없어지면 이익은 증가합니다. 공통고정비(14억7천만 원) 중 주류·장류 사업에서 발생한 공통고정비를 빼면 떡·잡곡·표고의 영업이익은 더 커질 것입니다. 구조조정 효과는 즉시 나타날 것이고, 스마트한 조직으로 다시 태어나는 것입니다."

조만수 씨는 지나간 날에 구조조정을 시작하던 때를 돌이켜봅니다. 브랜드별 분석도 없이 감각적으로 의욕을 불태웠던 것입니다.

단지 현금창출능력 만을 기준으로 사업을 선정하여 폐쇄할지 여부를 결정하려고 하였습니다. 다행스러운 것은 브랜드별 손실액을 미리 알 수 있었더라면 전통주 주류공장을 매각할 때, '이기려면 버려라' 하는 배짱으로 당당하게 나설 수도 없었을 것입니다. 그리고 H주류제조회사는 형편없이 싼 금액을 제시하면서 주리의 전통주 공장을 거저 먹어치우려고 덤볐을 지도 모른다는 사실입니다.

브랜드 종류를 줄여야 산다

　브랜드별 공헌이익 손익계산서를 작성한 후 주리의 경영 모습을 한 손에 움켜쥔 것처럼 자신만만한 조만수 사장입니다. 골치 아팠던 모든 문제를 해결한 것처럼 홀가분한 기분이면서도 왠지 찜찜한 기분입니다.

　적자에 헤매던 전통주 주조공장을 처분하고 회사의 대출금, 밀렸던 미지급금은 깨끗이 정리했습니다. 물론, 도원농장에서 납품한 표고와 콩 외상매입 대금 2천1백만 원도 정리하였습니다. 퇴직하는 직원들에게 퇴직금도 섭섭지 않게 지급하였습니다.

　장류공장은 폐쇄하되, 그 대신 농가주부모임에서 하던 재래식 수제 된장 시스템으로 되돌려 놓기로 협의가 거의 끝나가고 있습니다.

　나머지 표고 · 떡 · 잡곡 가공라인은 정상 가동 중입니다. 직원 복지 분야도 많이 개선시키고, 공장 환경도 바꾸어서 쾌적한 분위기입니다. 그런데 무언가 찜찜하게 모자라는 기분입니다.

그것이 무엇인지 모르겠습니다. 그러던 어느 날 조 사장이 출근하는 길에 낯익은 무언가 보입니다.

「㈜주리농업회사법인」 간판이 아침 햇살을 받으며 세로로 걸려 있습니다. 국기 게양대에는 태극기와 함께 사기(社旗)도 함께 펄럭입니다. '나도 그렇지만 어떻게 아무도 회사 이름 바꾸는 걸 생각하지 못했을까? 회사 깃발도!'

'회사 이름? 깃발? 그래, 최규식 회장이닷!'

조만수 사장은 스스로 소스라치게 놀랐습니다. 즉시 총무부장을 불러 최규식 회장을 면회하고 결재 받을 자료를 준비시킵니다.

특별면회실은 냉하고 습한 기분이 드는 조그만 방입니다. 작은 책상 하나에 소파가 놓였고 조명은 그래도 환하게 밝습니다. 고문변호사와 총무부장, 조만수 사장 이렇게 셋이서 한참을 기다리는데 최규식 회장이 비교적 건강한 모습으로 들어옵니다.

"나 때문에 고생들 많소!"

인사가 오고간 후에 업무보고와 간단한 결재 순서가 이어집니다.

"첫째로, 전통주 주조공장 매각대금으로 받은 금액은 74억9천만 원입니다. 매각대금 중 대출원리금·미지급금·직원 퇴직금으로 합계 32억 원을 지급하고 남은 금액은 42억9천만 원입니다. 추가 지출 예상액은 부동산 양도에 따른 양도세 10억 정도입니다. 여기에 명세가 있습니다."

결재란에 사인한 후 최규식 회장이 제안합니다.

"여유 자금이 있을 때 임직원에게 보너스를 지급하는 것이 어떻겠습니까?"

불쑥 조만수 사장이 반대한다는 의사표시를 합니다.

"최 회장님, 주리 전통주 주조공장이 법인 소유이기는 해도 처음부터 최 회장님 개인 소유였습니다. 피같이 아까운 걸 팔았는데, 경영에 복귀한 후에 결정하십시오."

이런 말의 의도는 최 회장이 평생을 바쳐 3가지 주류제조면허를 따서 키워온 주조공장의 매각대금을 아껴야 한다는 뜻이 담겨 있습니다. 그 말뜻을 최 회장도 다 알고 있습니다.

"그럴까요?"

"둘째로, 브랜드 건입니다. 주리가 법인 전체의 브랜드라는 것을 깜박하고 얼떨결에 묻어 넘어가게 했습니다. 미안합니다."

"원래 주류 브랜드였으니까 넘기는 게 당연합니다. 잘한 겁니다. 그래, 다른 브랜드를 생각해 봤습니까?"

총무부장이 2가지 안이 적힌 종이를 내놓으며 설명합니다.

"하나는 참나리꽃, 도원농장에 얽힌 브랜드입니다만, 또 하나는 '당부'입니다."

최 회장이 머리를 숙여서 브랜드 설명서를 들여다보며 묻습니다.

"당부? 당부가 무슨 의미지?"

"브랜드를 직원 공모하였는데 여직원 한 명이 낸 아이디어입니다. 흥부·놀부가 원래 3형제랍니다. 3형제 중에서 제일 큰형이 당부랍니다. 놀부 동생은 흥부이고, 놀부 형님은 당부랍니다. 당부가 제일 부자인데 가장 좋아하는 음식이 떡이랍니다. 그래서 「당부 떡 공장」에서 떡을 뽑고, 「당부 잡곡 포장센터」에서 잡곡포장 가공작업을 하랍니다."

"당부 떡! 당부 잡곡! 이야깃거리가 되는군요. 브랜드 선정 효과가 빨리 날 수 있겠군요. 맘에 쏙 듭니다. 그런데 놀부에게 동생 흥부가 있고, 형님 당부가 있다는 이야기가 정말 있습니까?"

"다 지어낸 것입니다."

한바탕 웃고 나서 다음 보고를 합니다.

"셋째로, 브랜드 종류별 공헌이익 중 주류와 장류의 손실 부분이 증가 추세에 있습니다. 마이너스 공헌이익만큼 다른 제품에도 나쁜 영향을 줍니다. 특히 재고가 쌓이고 외상매출금이 회수되지 않아 운전자금의 부담이 증가했습니다. 주류공장은 해결됐으므로 장류공장 건을 말씀드립니다. 일전에 보고 드린 대로 매출 실적도 계속 떨어지고 있고, 무엇보다도 대기업과의 가격경쟁을 견디기 어렵습니다. 손실부분을 다른 제품의 이익으로 보충해 주고 있습니다."

최 회장은 다 알고 있다는 듯이 흠흠 하면서 고개를 끄덕입니다.

"주류공장과 장류공장의 제품 종류는 늘어났지만 매출은 계속해서 떨어졌어요. 그 이유를 생각해 봤어요. 민속주를 만들 때 그럭저럭 노하우도 있고 역사와 전통도 있어서 버티어 왔었지요. 문제는 송이 전통주 개발에 실패한 것이에요. 고객의 욕구를 따라가지 못했던 것이지요. 한 가지에 집중하지 못하고 자신이 없으니까 제품의 종류와 브랜드 수를 늘렸지요. 어리석게도 그중 하나만 적중하면 된다고 생각했지요."

최 회장은 만감이 교차한다는 듯 먼 곳을 응시합니다.

조만수 사장이 위로합니다.

"너무 자책하지 마십시오. 전체적으로는 성공적이잖습니까?"

"장류공장은 농가주부모임의 수제 된장이 정답이었어요."

최 회장은 큰 결심이나 하는 듯 의자를 당겨 앉으면서 단호하게 잘라 말합니다.

"장류공장은 원래 하던 농가주부모임에 돌려줍시다. 무상으로 돌려줄 수 있는지 검토하고 필요한 지원도 아끼지 마십시오. 장류 제조 시스템이 다르니까 그냥 공장 폐쇄하는 것도 검토하십시오."

"잘 알겠습니다. 일전에 지시한 대로 농주부회장과 준비 중입니다."

"그리고 표고가공공장은 어떻게 하면 좋겠는지 의견을 말해 보세요."

조만수 사장이 자료를 내밀며 보고합니다.

"무난히 손익을 맞춰가고 있습니다만, 제품개발에 더 많이 투자하고 품질도 더 고급화하여야 할 숙제가 있다고 판단됩니다."

"오랫동안 생각해 봤어요. 표고버섯 가공공장까지 경영하는 것도 능력에 벅차다고 느껴져요. 여기서 나가 경영에 복귀한다고 해도 자신이 없어요."

그러면서 조만수 사장에게 표고버섯 가공공장을 무상으로 인수할 것을 제의하고, 조만수 씨는 깊이 고민해 보겠노라고 대답합니다.

끝내고 일어서려는데 최 회장이 무언가 말하려는 듯이 쭈물거립니다.

"조만수 사장, 부탁이 하나 있는데……?"

"말씀해 주십시오"

"김영근 이사를 다시 임원으로 앉혀 주시오. 실수 한 번 덮어주시오"

김영근 씨는 공장장과 짜고 원재료인 송이를 빼돌려 회사에 손해를 끼친 책임을 지고 사표가 수리된 사람입니다. 더구나 관리 감독하여야 할 위치에 있는 임원으로서 용납할 수 없는 행위라는 게 그 당시 여러 사람들의 의견이었습니다. 조 사장은 미안한 듯 조심스럽게 말합니다.

"인간적으로는 참 유감입니다. 뜻은 잘 알겠습니다만, 한 번의 실수로 끝난다는 보장이 없습니다. 대개 사고 친 경험이 있는 사람은 반복하는 경향이 있습니다. 더 중요한 건 김영근 이사가 조직의 화합을 깨는 돌출 성품이라서 같이 일하는 것이 두렵습니다. 미안합니다."

조만수 사장은 정중히 거절하고 돌아오는 길에도 곰곰이 생각합니다.

'모처럼 부탁인데 너무 박절하게 거절한 건 아닐까? 그런데 최 회장이 브랜드 수를 과감할 정도로 줄이려는 본심은 무엇일까?'

제**11**장
농업디자인과
현금창출

31 초대받은 사람들 이야기
32 레벨 있는 언어가 현금을 퍼다 준다
33 컬러 카드, 비싼 명함

초대받은 사람들 이야기

홍 교수의 연구실은 아무런 인기척도 없이 조용하기만 합니다.

마루턱에 기다리고 앉았는데 마당가 대나무 숲은 더 푸릅니다. 회계라는 사막 한복판을 헤쳐 나와 사업 경영을 바라보는 심정은 남다릅니다. 어찌어찌하다가 경영자 자리에 앉게 되어 숨도 못 쉬면서 달려온 길입니다. 조직을 추스르고 경영을 제 궤도에 올려놓는 것이 조만수 사장 혼자의 능력으로는 어림없었던 일입니다. 홍 교수의 지도 교육이 없었더라면 조만수 씨는 아직도 방향을 잡지 못하고 회계의 사막을 헤매고 있을지 모를 일입니다. 조만수 씨는 사장 자리에 앉고 홍 교수를 만나서 말했던 '주리를 간단하고 쉽게 돈 많이 버는 회사로 키우고 싶다'라고 한 말을 기억합니다.

그 목표는 아직 저 멀리 있다는 것을 알고 있습니다. 산책을 다녀오는 듯 홍 교수가 마당에 들어서면서 먼저 인사합니다.

"조 사장, 먼저 와 기다렸군요. 무슨 생각을 하고 있었습니까?"

조만수 씨가 방금 와서 혼자 앉아 회상하던 이야기를 듣고 홍 교수가 말합니다.

"조 사장! 세상에 간단하고 쉽게 돈 많이 버는 게 어디 있겠습니까? 다만 그런 목표를 세웠다면 비슷하게 달성하게 할 길잡이 같은 게 있을 겁니다. 그 길은 이제 스스로 체험하며 찾아야 합니다. 사막 얘기가 나왔으니 사하라 사막의 원주민 사연을 얘기해 주겠습니다."

사하라 사막 서쪽에는 사하라 사막의 중심이라 불리는 한 작은 마을이 있습니다. 매년 적지 않은 여행자들이 이곳을 찾습니다. 하지만 레빈이라는 사람이 그곳을 발견하기 전까지는 그 마을은 전혀 개방되지 않은 낙후된 곳이었습니다. 이곳 사람들은 한 번도 사막을 벗어난 적이 없었습니다. 많은 사람들이 이 척박한 곳을 떠나고 싶어서 탈출을 시도했지만 단 한 명도 성공한 사람이 없었던 것입니다.

레빈은 믿을 수가 없어 손짓발짓으로 마을을 떠나지 못한 이유를 물어 보았습니다. 사람들의 대답은 모두 같았습니다.

"어느 방향으로 가든 결국은 처음 출발한 곳으로 다시 돌아오더라고요"

그는 이 말이 사실인지 실험해보기 위해 직접 북쪽을 향해 걸었고, 3일 만에 사막을 빠져나왔습니다.

그렇다면 마을 사람들은 왜 빠져나오지 못했을까? 레빈은 답답한 마음에 이번에는 마을 사람 가운데 청년 한 명을 데리고 청년이 가는 대로 따라갔습니다. 10일이 지났습니다. 밤낮 없이 길을 걸었지만, 11일째 되는 날 마을 사람들의 말대로 그들은 다시 원점으로 돌아왔습니다. 레빈은 마침내 그들이 사막을 벗어나지 못한 이유를 알아냈습니다. 마을 사람들을 북극성의 존재를 몰랐던 것입니다.

레빈은 지난번 실험에 참가했던 청년을 데리고 다시 함께 길을 떠났습니다. 그리고 낮에는 충분히 휴식하며 체력을 아꼈다가 밤에 북극성을 따라 걷다보면 사막을 벗어날 수 있을 것이라고 일러주었습니다.

청년은 레빈의 말대로 했고, 과연 사흘 만에 사막의 경계지역에 다다를 수 있었습니다. 그 청년은 훗날 사막의 개척자가 되었고 개척지 중심에 그의 동상이 세워졌는데 동상 아래에 이런 글귀가 새겨져 있습니다.

'새로운 인생은 방향을 찾음으로써 시작된다.'

그렇습니다. 사람은 나이의 많고 적음에 상관없이 삶의 목표를 정한 그날부터 진정한 인생의 항해가 시작되며, 이전의 날들은 그저 쳇바퀴를 도는 듯한 생활에 불과한 것들입니다.

우리에게는 우리 인생여정의 길잡이가 될 '북극성'과 같은 것이 필요합니다. 삶의 목표가 그런 역할을 합니다.

홍 교수의 강의는 계속 이어집니다.

"회계의 사막에서 탈출하는 데는 회계지식만 가지고는 부족합니다. 다른 많은 지식과 경험이 쌓일 때 사막에서 벗어날 수 있을 것입니다."

문득 홍 교수가 조 사장의 티셔츠 라벨을 빤히 보면서 말합니다.

"조만수 사장은 일류 메이커 옷만 입습니다. 티셔츠도 그렇고 아까 보았는데 운동화도 최고급 레벨의 라벨이 붙어 있었습니다."

조 사장은 당황하면서 얼굴을 붉힙니다.

사치한다고 흉보는 거라고 생각합니다.

"검소해야 하는데… 부끄럽습니다."

홍 교수는 몸을 반쯤 일으키면서 손사래를 칩니다.

"아니, 아닙니다. 얘기를 들어보십시오. 그것이 좋다는 말입니다.

진심으로 하는 말입니다. 이런 사례를 언젠가 얘기해 주려했는데 지금 하겠습니다."

　어느 재벌 대기업이 군청의 협조를 얻어 관내의 농민단체간부들을 부부동반으로 초청하여 만찬행사를 합니다. 기업 · 농촌마을 결연행사를 확대하여, 대기업그룹 대 군(郡) 관내 전체 농민이 참가하는 자매결연을 위한 사전준비 행사입니다. 자매결연을 하고 본격적으로 농산물 전속 직거래를 하기 전에 그룹 회장이 고향 후배들을 초청하여 저녁 한 끼 내려고 마련한 자리입니다.

　장소는 강물이 내려다보이는 언덕에 있는 고급 일식집입니다.

　참석 농민단체간부는 부부 11쌍 22명을 초청하였습니다. 그룹 차원의 행사인지라 기념품도 준비하였습니다. 초청자 측 인사와 군청 관계자들까지 30명의 만찬자리입니다. 그런데 초청자 측에서 기겁을 하는 것입니다.

　초청 받은 22명 외에 품에 안은 아기까지 어린이가 9명 더 온 것입니다. 농민단체간부들 중 슬리퍼에 맨발인 사람도 몇 있습니다. 어떤 사람은 일부러 구긴 듯한 반팔 노란 티셔츠를 입고, 다른 어떤 사람은 허리띠도 없이 헐렁한 반바지 차림도 있습니다.

　농민단체 대표자의 인사말은 전투적이고 도전적입니다. 다른 간부들도 말 하나 행동 하나가 거들먹거린다고 느껴집니다. 그런데 부인들은 깨끗한 차림에 정숙하고 예의 바르게 느껴졌습니다.

　아이들이 행사장을 쉬지 않고 뛰며 장난질쳐도 어느 부모 하나 말리지 않습니다. 상 위에 차려진 음식을 맨손으로 집어 먹으며, 맛있어 보이는 음식 접시를 들어 자기 부모 앞에 가져다 놓아도 오히려 대견스러워하며 어른들은 자기들끼리의 대화에 열심입니다. 주최 측에서 행사 취지와 앞으로의 계획을 설명하려 해도 그런 분위기는 진즉에 포기해야 했습니다. 좋은 뜻으로 시작한 만찬행사는 난장판으로 끝났습니다. 회장의 고향을 도우려는 그룹 차원의 계획은 없는 일이 되고 말았습니다. 농민 측에서는 비싼 값으로 안정되게 농산물을 팔 수 있는 신규 대량 거래처를 놓쳐버렸습니다.

아울러 수만 명의 그룹 내 잠재고객까지 놓쳐버렸습니다. 날아간 수 십억 원은 누구에게나 큰 금액입니다.

이 사례는 농업디자인 시대에 농민 스스로의 모습부터 디자인 하여야 한다는 교훈을 줍니다.

홍 교수가 꿈속에서 들리는 듯한 황홀한 말을 잇습니다.

"조 사장 만날 때마다 단정한 모습이 참 보기 좋았습니다."

모임이나 회의에 참석할 때 조만수 씨는 별로 격식을 차리지 않으면서도 세련되어 보이는 옷을 입습니다. 스웨터나 셔츠 · 청바지를 즐겨 입지만 확실히 고급스러운 옷으로 고릅니다. 신발도 그렇게 고릅니다. 가치 있는 것을 판매하려면 판매자가 좀 있어 보여야 한다는 오랜 격언을 실천하려는 것입니다. 물론 작업 중에는 남들과 똑같이 허름한 작업복 차림입니다. 이런 깨달음은 외국인 노동자 두 명에게서 배운 것입니다. 일손 부족으로 외국인 노동자 두 명에게 농장 일을 시킨 적이 있습니다. 귀티가 나고 깨끗해 보이는 사람들이 몸을 사리지 않고 온 힘을 다하는 것이 고마워서 삼겹살이라도 사줄 생각으로 점심은 시내 식당에 나가서 먹기로 하였습니다. 나갈 준비를 하겠다는 그들을 한참 동안이나 기다렸습니다. 무슨 일로 그렇게 시간이 걸렸는지를 물었더니 그 대답이 감동적이었습니다. 물론 손짓발짓에 영어 반, 우리말 반이었습니다.

"초대 받아 가는데 몸 씻고 가장 좋은 옷 차려 입었습니다. 그래서 시간이 걸렸습니다."

그러고 보니 올 때 모습, 작업 때 모습은 간 데 없고 외국 영화배우

같은 두 외국 젊은이입니다. 엷은 줄무늬 티셔츠에, 두꺼운 소가죽 벨트를 맨 고급 청바지, 질감 좋아 보이는 연한 갈색 가죽 구두 차림입니다. 표정도 태도도 움직임 하나하나도 귀족 같은 생각이 들게 하였습니다. 궁금해 캐물어보니 그들은 우크라이나에서 대학원까지 졸업한 인텔리 청년들이었습니다.

잊혀지지 않는 기억입니다. 조만수 씨는 그때 그 외국인 청년들을 생각하며 말끝을 흐립니다.

"어디든 방문할 때 좋은 옷 차려입는 것은 우크라이나 청년들한테 배웠습니다. 당연한 예의라고……"

이 얘기를 듣고 홍 교수가 맞장구치듯 말합니다.

"조 사장을 만날 때마다 옷차림을 보면서 내가 존경 받고 있다는 흐뭇한 느낌이 들었습니다. 농업 디자인은 농민 각자가 갖는 품격에서 시작한다는 생각을 들게 하였습니다."

홍 교수의 말뜻은 '그래, 조만수 씨 같은 사람이 기른 것은 농산물도 고급이고 가공품도 더 믿음을 주는 것처럼 느끼게 한다'라고 말하려는 것입니다.

고급품이라면 더 비싼 가격으로 농산물을 팔 수 있고, 믿음을 주는 제품이라면 더 많은 거래처를 확보할 수 있습니다.

32

레벨 있는 언어가
현금을 퍼다 준다

　잠시 휴식시간 중에 홍 교수에게 전화가 걸려 왔습니다. 통화 내용
은 대개 알 수 있을 만합니다. 서울에 있는 생활소비협동조합 이성기
이사장이 틀림없습니다. 장류공장을 옛날처럼 수제 방식으로 언제
바꾸게 되는가? 장 담그는 원료는 확보되는가? 장 담그는 체험학교
개설이 가능한가? 뭐 그런 얘기들이 오고갑니다.

　전화를 끊으면서 홍 교수가 느닷없이 초상권에 대해서 묻습니다.

　"조 사장, 서울 생협 이성기 이사장이 '참나리꽃' 사진 가지고 왔을
때 생각납니까? 초상권 얘기를 진작 물어본다는 걸 깜박 잊고 있었
습니다."

　지난 6월 어느 날엔가 낫으로 논두렁 풀을 깎는 중에 젊은 부부가

길을 물으며 참나리꽃을 찍은 적이 있습니다. 그 사건 덕분에 생활소비협동조합에 쌀 공급하기로 약속하였는데 무슨 변동이 생긴 걸까 켕키는 마음으로 대답합니다.

"젊은 부부가 사진 찍어 SNS에 올린 거 다 알잖습니까? 무슨 잘못이라도 생겼습니까?"

홍 교수가 손을 저으며 묻습니다.

"그때 젊은 부부에게 무슨 말을 했는지 아직 기억하고 있습니까?"

"글쎄요, 제가 무슨 실수라도 했습니까?"

조만수 씨는 그날을 더듬어 기억해 봅니다. 그날은 아주 맑은 날씨이고 한여름보다도 더운 날이었습니다. 카메라로 참나리꽃에 초점을 맞추어도 조만수 씨는 자기가 찍히는 느낌에 한 마디 한 적이 있습니다.

"허허, 초상권 침해 아니오? 모델료 페이는 얼마나 주실라우?"

물론 농담으로 한 말이었습니다. 젊은 부부도 농담인 줄 압니다. 두 사람이 놀란 것은 '초상권 침해' '모델료 페이'라는 단어의 어휘구사력이었습니다. 사진의 제목이 '박사 농민이 키우는 참나리꽃'이었습니다. 초상권 침해, 모델료 페이 같은 단어를 일상용어 쓰듯이 자연스럽게 말하면서, 낫 들고 논두렁 풀을 깎는 모습에서 그 부부는 박사 정도의 느낌을 받았다는 것입니다.

그런 얘기를 듣고 이 이사장은 더 빨리 조만수 사장을 만나고 싶어 했다는 것입니다. 홍 교수가 짧게 명확히 말합니다.

"말의 힘입니다."

결국 말 한마디가 사람의 마음을 움직이고 인연의 끈을 잇게 한 것입니다.

"많이 쓰이는 고급언어는 어떤 것이 있습니까?"

"사람마다 환경이 다르니까 한 마디로 이것이다 할 수는 없지만, 조 사장의 경우엔 대략 '수요, 공급, 수요·공급의 법칙, 초과수요, 초과공급, 한계효용체감의 법칙, 대차평균의 원리, 기간손익, 동작 감소의 원칙, 세계관, 가치관, 철학 등 수없이 많겠습니다. 별도로 정리하여 줄 테니까 자꾸 말해보십시오. 남들에게 써먹어 봐야 내 실력이 됩니다. 아이들 말 배울 때랑 같습니다. 아내는 좋은 상대가 됩니다. 이해한 다음에 자문자답하듯이 물어보고 혼자 답하면서 깨 우치도록 하는 것도 방법입니다."

홍 교수는 또 이야기보따리를 풀어 놓습니다.

그 사람이 쓰는 말을 보면 그 사람의 미래를 예측할 수 있습니다.

모든 사람에게 공짜로 주어지는 것이 두 가지가 있는데 그것은 바로 시간과 말이라고 합니다. 시간을 어떻게 활용하는가에 따라 그 사람의 인생이 달라지 듯이 말을 어떻게 하느냐에 따라 천냥 빚을 갚을 수도 있고 남에게 미움을 받을 수도 있습니다.

자신이 쓰는 말을 객관적으로 분석해봅시다. 그러면 자신의 미래를 예측할 수 있을 것입니다. 성공하는 사람은 말투부터가 다릅니다.

이런 질문으로 시작해봅시다.

"요즘 어떠십니까?"

보통 이런 질문을 받으면 부정형·평범형·긍정형 세 가지 형태로 답을 하게 됩니다.

첫째, 부정형. 이들은 질문을 받으면 입버릇처럼 이렇게 말합니다.

'별로예요' '피곤해요' '죽을 지경입니다' '묻지 마세요' '죽겠습니다'

둘째, 평범형. 이들은 이렇게 이야기합니다. '그저 그렇지요' '대충 돌아갑니다'

'먹고는 살지요' '늘 똑같죠' '거기서 거깁니다'

셋째, 긍정형. 이들이 하는 말에는 열정과 힘이 가득 실려 있습니다. '좋습니다' '대단합니다' '환상적입니다' '아주 잘 돌아갑니다'

이 세 가지 유형 중 어떤 유형이 마음에 듭니까?

성공인 그룹과 실패인 그룹은 말하는 습관부터 다릅니다.

긍정적이고 성취를 다짐하는 말을 주로 한 사람은 그 말대로 성공하는 사람이 되고, 반면에 부정적인 말을 많이 한 사람은 그 말대로 실패하는 사람이 됩니다. 곧 우리가 어떤 말을 하느냐에 따라 생각하는 것이 바뀌고, 행동이 바뀌어 나중에는 그 말이 결과로 나타납니다.

"고급언어의 차이에 대한 이런 이야기도 있습니다."

어느 화창한 봄날, 한 남자가 뉴욕의 공원에서 부랑자를 만났습니다. 그 부랑자는 'I am blind(나는 맹인입니다)' 라고 적힌 푯말을 목에 걸고 구걸을 하고 있었습니다. 그러나 지나가는 사람들은 그냥 지나쳐 갈 뿐, 그 누구도 그에게 적선을 하지 않았습니다.

그 남자는 부랑자에게 다가갔습니다. 그리고 부랑자가 목에 걸고 있던 글씨를 바꾸어 놓고 그 자리를 떠났습니다. 그로부터 얼마간의 시간이 흐른 후, 그 부랑자는 뭔가 이상한 것을 눈치챘습니다.

'이거, 이상한데? 지금까지는 누구 한 사람도 나에게 돈을 주지 않았는데, 그 남자가 오고 간 다음부터는 갑자기 적선해 주는 사람들이 많아졌어.'

부랑자의 적선 통에는 순식간에 동전이 넘쳐흐르고, 사람들마다 그에게 동정하는 소리를 해 주는 것이었습니다.

"아까 그 남자가 행운을 주고 간 것일까? 그 남자는 마법사일까?"

사실 그 남자는 'I am blind'라고 적혀 있는 말을 이렇게 바꿔 놓았던 것입니다. 'Spring's coming soon. But I can't see it(바야흐로 봄은 오고 있으나, 나는 볼 수

가 없답니다).'

'그 남자'는 프랑스 시인 앙드레 볼톤이라고 합니다.

"지금까지 우리는 I am blind 라는 말밖에 할 줄 몰랐을 지도 모릅니다. 조 사장의 참나리꽃 사랑과 초상권 침해, 모델료 페이라는 말한마디가 '바야흐로 봄도 오게 하고' 현금을 흔들며 쌀도 사고 된장도 사러 오게 합니다. 이것이 말의 차이입니다."

33

컬러 카드, 비싼 명함

강의를 듣고 있는 중에 홍 교수에게 우체국 택배가 배달됩니다. 모양으로 보아 책인 것 같습니다. 배달된 물건을 받아 놓고 홍 교수가 힐끗 조 사장을 보면서 아무렇지도 않은 듯 묻습니다.

"주리에서나 도원농장에서는 택배를 많이 이용하는 편이겠지요? 택배 물건을 보낸 후 사후관리는 열심히 잘 하고 있습니까?"

공적으로는 주리의 사장이고, 사적으로는 도원농장의 대표로서 돈 받고 좋은 물건 정직하게 팔면 그것으로 할 일 다 했다고 생각했습니다. 택배 발송하고 혹시 모를 배달사고를 대비하여 송장 영수증만 잘 챙기고 있으면 됐습니다. 아직까지 배달사고는 한 번도 없었습니다.

"정직하게 보냈고 아직 사고는 없었습니다. 인터넷 주문한 고객은 물건 잘 받아 고맙다는 메시지를 꼭 띄워줍니다."

　지금 홍 교수는 택배를 이용하여 농산물이나 가공제품을 판매한 경우에 주문자의 주소·성명·전화번호를 알고 있으니까 감사한 마음을 전하는 감사편지를 보내고 계속해서 내 고객으로 유지하기 위한 관리를 하고 있는지를 묻고 있습니다. 그런데 조만수 사장은 거꾸로 구매자가 잘 받았다고 고맙다는 뜻을 전해온다고 말하고 있는 것입니다.

　"기존고객은 최고의 잠재고객입니다. 다시 거래할 확률이 가장 높습니다. 도원농장이든 주리든 당부든 거래했던 기존고객의 관심을 끌기 위해서는 추가적인 노력과 돈을 투자해야 합니다. 그 고객뿐 아니라 다른 고객도 더 끌어올 수 있도록 계속 관계를 유지시켜야 합니다. 250명의 법칙을 생각해 보십시오."

　"어떤 방법이 더 좋겠습니까?"

　"우선 홈페이지에 끊임없이 소식을 올립니다. 월별 계절별 사진이든 소식이든 메시지를 쉬지 않고 전합니다. 복잡하게 열거한 문장은 안 읽습니다. 사진에 간단한 소개 정도가 좋습니다. 홈페이지를 관리하지 않는 농장이나 회사의 물건은 거들떠보지도 않습니다."

　"그냥 일상적인 문답은 하고 있습니다."

　홍 교수는 옛날에 경영고문으로 일했던 식품회사의 사례를 소개합니다. 그 회사는 주로 우편물로 기존고객들과 교류합니다. 광고 홍보물이나 찌라시 같은 우편물은 절대 사용하지 않습니다. 뜯어보지도 않고 쓰레기통에 버려지기 때문입니다. 버려지는 것을 보내면 시간과 돈만 낭비하고 농장 이미지만 깎아먹을 뿐입니다. 그래서 우편물을 보낸 사람이 관심과 정성을 들였다고 느낄 수 있도록 세밀하게 신경을 씁니다.

그 회사에서는 1년에 12개의 카드를 매월마다 보냅니다. 보낼 때마다 색깔과 모양이 다른 봉투에 카드를 넣어 보냅니다. 고객들은 이런 걸 받고 흥미를 느낍니다. 이걸 받아보는 고객은 이렇게 예쁜 색깔의 봉투에 카드를 왜 보내는지 알고 있습니다. 그렇기 때문에 광고홍보물을 넣거나 찌라시 같은 것은 넣지 않습니다.

봉투 겉면에는 발송자 이름을 적지 않습니다. 그 안에 무엇이 들었는지 알지 못합니다. 고스톱 치면서 내 손에 패를 보여주지 않는 것과 같습니다. 받고 싶어 하던 우편물일지도 몰라 하면서 궁금증을 불러일으키게 합니다.

카드에는 계절별 월별로 어울리는 문구를 간단히 넣습니다. 자기 이름과 회사이름은 물론 직접 손으로 씁니다. 직접 찍은 농산품 · 꽃 · 풍경 · 동물 · 곤충 등 사진을 현상해서 선물로 끼워 넣기도 합니다.

카드를 보내는 시기도 조심합니다. 고지서가 발송되는 월초 또는 15일 쯤에는 보내지 않습니다. 돈 내라는 고지서 때문에 짜증나는 분위기에 휩쓸려 쓰레기통에 던져질지도 모릅니다.

우편에 투자하면 시간과 돈을 효과적으로 사용할 수 있습니다. 대기업이 기업 이미지를 높이기 위해 쏟아 붓는 거액을 상상하면 이 정도는 아무것도 아닙니다.

특히 택배 발송하고 며칠 후엔 꼭 감사 카드를 보냅니다. 판매촉진비, 광고비를 아끼는 최적수단입니다. 비용의 경제성은 최고입니다,

'한 번 팔면 그뿐'이라는 생각은 가져본 적이 없습니다.

언제나 250명의 법칙을 생각합니다. 그 고객도 250명의 사람을 움직일 수 있다는 사실을 명심하고 있기 때문입니다. 이야기를 다 듣고 조 사장은 휴우 한숨을 내쉽니다. 감동적인 한 편의 드라마를 본 듯한 뒷맛을 느낍니다.

"카드에 명함을 넣는 게 좋겠습니까?"

"카드보다 더 좋은 명함이 있겠습니까?"

이 말은 명함을 이중으로 넣을 필요가 없다는 뜻입니다.

홍 교수가 조 사장의 도원농장 명함을 달래서 들여다보면서 말합니다.

"돈이 좀 들겠지만 얼굴 사진을 넣는 게 좋겠습니다. 농산물은 얼굴과 이름을 함께 파는 것입니다. 정 여사 명함도 있습니까?"

"없습니다. 여자가 무슨 명함입니까?"

순간적으로 홍 교수의 미간이 실룩 움직입니다. 엄숙한 표정을 애써 지으며 홍 교수의 음성이 깔립니다. 보통 심각할 때의 모습입니다.

"농장 일을 부부가 할 때 절반 이상은 부인이 합니다. 거의 전부라 해도 좋습니다. 그런데 명함이 없습니까?"

"이름만 씁니까? 제가 대표인데, 아내를 부대표로 합니까?"

"공동대표라고 하면 좋습니다. 더 좋은 고급종이에 색깔이랑 디자인도 더 신경 써서 최고급 명함을 만들면 현금이 더 들어옵니다."

'고급명함을 만들면 현금이 더 나간다'를 '현금이 더 들어온다'고 말하는가 보다 하며 조만수 씨는 속으로 피식 웃으며 귓등으로 듣습니다.

조 사장의 이런 눈치를 다 안다는 듯 두고 볼 일이라고 여기면서 홍 교수는 끙 힘을 줍니다.

고개를 쑥 내밀면서 무엇인가 말하려 합니다. 갑자기 불쑥 말을 꺼 낼 때 하는 버릇입니다. 엉뚱한 말일 게 뻔합니다.

"까만색 비닐을 밭에 덮으면 농사가 더 잘됩니까? 하얀색도 있고요."

"멀칭 말입니까? 잡초를 뽑지 않아도 되지만 지열도 보존시키고 가뭄도 덜 타게 합니다만……"

"까만색이 만들기 쉽고 값도 싸기 때문일까요? 무슨 이유든 있겠 지요?"

"글쎄 말입니다. 생각해보지 못했습니다."

"특히 봄에는 블랙필드(Black field)입니다. 가끔 화이트필드 (White field)입니다. 꼭 블랙이어야만 하는 이유가 있으면 몰라도, 녹색 비닐은 안됩니까? 제조할 기술력은 충분히 있잖습니까? 조금 비싸도 그린필드(Green field)가 농업을 더 빛나게 해 줄 것입니다."

"그렇겠습니다."

무심코 밭이랑에 깔던 블랙 멀칭입니다. 홍 교수에게는 고향언덕 의 그린 필드를 늘 그리고 있었던 것입니다.

"비닐하우스는 햇볕 많이 받기 위해서 하얀 투명 비닐만 씁니까?"

"광 투과성이 가장 좋으니까 투명한 걸 쓰겠습니다만……"

광 투과성은 햇볕이 비닐을 통과해서 들어오는 햇볕 본래의 성분. 성질을 말합니다. 홍 교수도 잘 알아듣습니다.

"작물별로 필요한 광 투과성이 다를 수도 있잖겠습니까? 작물별로 좋아하는 비닐하우스 색깔이 분명 있을 겁니다. 긍정적인 연구의 결 론이 나면 우리나라 농업은 더 발전할 수 있습니다. 돈도 더 많이 벌

수 있겠지요? 햇볕이 연상되는 주황색 비닐하우스는 어떻겠습니까?"

"……"

"모든 비닐하우스가 터널형 아니면 터널연동형 구조입니다. 다른 구조의 비닐하우스는 어떻겠습니까? 피라미드 구조의 비닐하우스도 흥미롭습니다."

조 사장은 비닐하우스가 투명 비닐인지 컬러 비닐인지 생각해본 적이 없습니다. 당연히 투명 비닐이고 그냥 터널형 비닐하우스일 뿐입니다.

세상에 들어본 적도, 생각에 떠오른 적도 없고 생각해본 적도 없고 꿈같은, 말도 안되는 상상이 문명을 발전시켜 왔다고 합니다. 조만수 사장은 혹시나 홍 교수의 지적이 농촌 모습을 바꾸는 시작이 될지도 모른다는 생각을 곰곰이 합니다.

"비닐하우스가 컬러풀하면 농촌 모습이 달라집니다. 도시민들의 눈도 비닐하우스가 허옇게 늘어선 논밭에 식상해 합니다. 무지개 비닐하우스는 어떻겠습니까? 농촌에 뜬 수많은 무지개는 사람들의 가슴을 설레게 할 것입니다. 많은 사람들을 불러 모을 것입니다. 그곳에서 자란 농산물을 더 좋아할지도 모릅니다.

실현가능할지 어떨지 몰라도 상상만 해도 즐겁습니다."

제**12**장
회계학적으로도
농업에 희망이 있다

34

지평선은 늘 바쁘다

㈜주리의 간판과 사기(社旗)는 ㈜당부 농업회사법인으로 바뀌어 걸립니다. 홈페이지 주소도 '당부'로 바뀝니다. 물론 임시 출자자총회를 열어 만장일치로 의결을 받았습니다. 총회 자료는 옛날보다 이해하기 쉽고, 중요 사항은 시각적으로 이해하기 쉽게 잘 보이도록 컬러로 작성하였습니다.

주류공장의 매각은 사후 승인되고, 장류공장은 폐쇄하는 것으로 의결합니다. 주류공장의 매각대금 중 사용하고 남은 자금은 최규식 회장이 업무에 복귀한 후에 처리방법을 결정하기로 하였습니다.

그런데 표고버섯 가공공장의 처리문제에 강한 이의가 제기됩니다. 표고버섯 가공공장은 최규식 회장이 경영에 자신이 없다면서 조만수 사장에게 무상으로 인수하여 경영해 보라고 권유한 것을 총무부장이 구두로 보고하였습니다. 아직 아무것도 결정된 것이 없기 때문에 임시총회 정식안건으로는 올리지 않은 것입니다.

"이의 있습니다. 털도 안 뽑고 날로 먹으려는 겁니까? 정상적으로 가동되는 표고 가공공장을 굳이 무상으로 넘기는 건 반대합니다. 거기에 투입한 건설원가만 5억입니다. 5억! 그걸 그냥 무상으로 넘긴다는 게 말이 됩니까?"

이럴 사람은 한 사람뿐입니다. 물론 재무담당 박보영 이사입니다. 카랑카랑한 음성이 회의장을 울립니다. 조만수 사장이 감사로 처음 발 디딜 때부터 무시하고 깔보던 사람입니다. 영업현금흐름이 적자여서 지급보증서 연기 승인이 안 되던 건으로 조만수 사장과 설전을 벌이다가 무안을 당하고 회의장을 박차고 나갔던 앙금이 있는 박 이사입니다.

회사 내 실세인 재무담당 이사를 반박할 사람은 없습니다. 그러나 총무부장은 밀리지 않고 또박또박 반박합니다.

"표고 가공공장의 공헌이익이 5천만 원의 흑자라고 해도 간접비인 공통고정비를 감안하면 겨우 적자를 면치 못합니다. 제품개발도 잘 안되고 있고요. 그래서 최 회장님의 의견을 정식안건 외에 구두로 보고하는 것입니다."

박보영 씨는 반복해서 물고 늘어집니다.

"건설원가 5억은 어쩌고요?"

"5억 원의 원가는 그동안 사업으로 거의 전액 회수됐습니다. 누가 털도 안 뽑고 날로 먹으려 합니까? 회장님이 무상으로 사업 이전이

가능한지 검토해보라는 것인데 너무 앞서지 마십시오. 공식석상에서 막말이 거북합니다."

배병호 총무부장도 지지 않고 대꾸합니다.

"좋습니다. 다 좋은데 5억은 어떻게 보상되는지 말해보시오."

총무부장은 잠시 머뭇거리다가 천천히 고개를 들며 말합니다.

"재무담당 박 이사님! 혹시 주리의 감가상각 방법을 알고 계십니까?"

"……?"

박 이사가 대답이 없자 총무부장이 계속 말합니다.

"예, 정률법입니다. 정률법은 건설에 들어간 본전을 건설 초기에 높은 비율로 상각하여 이미 감가상각충당금으로 4억 원 넘게 회수하였습니다. 감가상각충당금을 뺀 장부금액은 1억 원이 채 안되는 정도일 것입니다. 자, 박 이사님. 5억 원의 보상을 주장하는 근거를 설명해 주십시오."

이렇게 당당하게 대응할 수 있는 것은 며칠 전 조 사장과 총무부장이 고정자산 원장을 보면서 미리 검토하였던 내용들이기 때문입니다.

박 이사는 일어섰다 앉았다 당황해 합니다. 다른 임원·간부들은 히죽거리며 고소해 하는 표정들입니다. 다른 출자자들도 왜 그런 분위기인지 알 사람은 다 압니다.

이건 직원이 임원을 창피스러운 코너로 모는 격입니다.

순간 임시총회장은 팽팽한 긴장감에 휩싸입니다.

임원이라고 간부직원을 몰아붙이다가 오히려 봉변을 당하는 순간입니다. 모두들 웅성웅성합니다. 이를 정리할 수 있는 사람은 조만수 사장뿐입니다. 조 사장의 목소리는 단호하고 짧습니다.

"배병호 총무부장은 그만 하고, 박 이사님께 사과하십시오."

평소에도 윗사람에게 대드는 하극상을 제일 싫어하는 조 사장입니다. 조직의 융화를 깨는 직원은 누구도 그냥 넘어가지 않습니다. 하물며 출자자들이 모두 모인 임시총회 자리입니다. 조 사장의 지도력이 보이는 순간입니다. 출자자 임시총회는 그렇게 끝났습니다.

브랜드가 바뀐 떡공장과 잡곡포장센터는 더욱 바빠졌습니다. 놀부형 당부가 '당장 부자' 되는 이미지로 진화하면서 판매량이 급증하였습니다. 당장의 당, 부자의 부로 이미지가 굳어간 것입니다.

떡을 파는 가게, 떡볶이를 파는 가게는 이 떡을 팔면 당장 부자 되는 떡이라며 주문량을 늘리고, 떡을 먹는 사람은 이 떡을 먹으면 당장 부자 된다면서 소비량을 늘립니다. 입 소문이 회오리를 일으킵니다. 대출금이 없다는 것은 그만큼 원가 부담이 없다는 뜻입니다.

대출금 이자가 차지하던 고정비 부담이 줄어들면서 떡 판매가격을 낮추어도 손익을 맞추기가 수월해 졌습니다. 또한 고정자산 비중이 확 줄어서 공통고정비인 간접비 배부부담도 줄어들었습니다.

원재료는 최고의 쌀만 골라 씁니다. 품질은 더 좋아지면서 판매가격을 낮추면 그 반응은 즉시 나타납니다. 덕분에 영업순환속도가 훨씬 빨라졌습니다. 현금창출박스에 투입한 현금이 새로운 현금으로 창출되어 나오는 현금회전속도가 빠르다는 것은 현금의 직전 모습인 외상으로 판매하지 않고 현금으로 판매하고 있다는 뜻입니다.

외상으로 판매하여 채권이 발생하여도 즉시 회수되어 현금화 된다는 의미이기도 합니다.

또한 재고도 쌓일 겨를이 없다는 뜻이기도 합니다.

재고는 현금의 다른 모습입니다. 재고가 쌓이지 않으면 현금흐름이 정체되지 않습니다. 재고가 없고 골치 아픈 외상매출 채권이 없으면 가볍고 스마트하게 여유 있는 경영을 할 수 있습니다.

여유 있는 경영은 기업 이미지도 좋게 하여 더 많은 현금을 창출하여 ㈜당부에 쌓이게 합니다. 드디어 현금창출 회계가 빛을 내기 시작하는 것입니다. 이러는 중에 최규식 회장이 출소하여 경영에 복귀합니다.

자리를 비운 1년 사이에 회사 모습이 완전히 바뀌었습니다. 이곳이 공장인지 사무실인지 구분이 안될 만큼 깨끗합니다. 원재료도 필요한 수량만큼 쌓여 있고, 제품은 즉시즉시 창고로 옮겨지든가 판매장으로 가기 위해 포장됩니다. 직원들의 옷차림도 반듯하고 빠르게 움직이며 쉬지 않고 작업하는 것이 예전과는 비교할 수 없을 만큼 달라졌습니다.

최규식 회장은 간단한 보고와 결재를 하고 인사작업부터 손을 댑니다. 조만수 사장의 사표 수리 전이라 의견을 같이 나누면서 협의합니다. 조만수 사장의 의견을 참작하여 충성심 강한 손학두 경리부장을 총무부장에, 계수에 밝은 배병호 총무부장을 경리부장에 임명합니다.

재고 부족 사고로 사표를 받았던 김영근 씨를 판매·홍보 담당 이사에, 심춘보 씨를 제조부장에 임명합니다. 조만수 사장의 만류를 뿌리치고 간부 자리에 다시 앉힌 것입니다. 박보영 재무담당 이사는 사표를 내고 그 후임에 은행에서 퇴직한 인사가 임명되었습니다.

최 회장이 임원회의를 주재하면서 장류공장 건을 제일 먼저 긴급

안건으로 상정합니다.

"농가주부모임 수제 된장 이름이 무엇이었지요?"

손학두 총무부장이 얼른 대답합니다.

"예, 지평선 된장이었습니다."

"지평선 된장이 옛 명성을 찾을 수 있을까요? 그냥 두는 건데…"

최 회장은 아직도 주리에서 장류공장을 계획하고, 지평선 된장을 인수하여 그만두게 한 것을 후회하고 있는 것입니다.

"장류공장을 폐쇄하지 않고 그대로 농가주부모임이 인수하게 할 방법은 없습니까?"

"재래식 수제 된장 시스템이어서 공장기계는 필요치 않습니다. 옛날에 인수했던 장독과 쌓여 있는 원재료는 지평선에서도 필요한 것들입니다."

총무부장의 설명을 듣고 지시합니다.

"장독이랑 메주콩·찹쌀·고추·고춧가루·소금 등 알뜰히 모아서 지원하십시오. 지평선에서 여는 각종 행사도 최대한 지원해 주면 좋겠어요."

박경순 농가주부모임회장은 턱을 내밀고 바쁘게 준비하러 다닙니다.

예전에 장독대가 늘어선 모습이 지평선처럼 넓고 멀게 느껴져 지평선 된장이라 했는데, 지금은 그때보다 2배는 더 큰 규모입니다. 그것을 바라보면서 가슴을 부풀리며 후읍 숨을 들이 마십니다.

역시! 성장은 행복이고, 일은 희망입니다. 급한 대로 컨테이너 박스를 들여 놓고 업무용 전화도 개통시킵니다.

세무서에 사업자등록도 마쳤습니다. 일을 할 때 가치 있는 사명감

같은 것을 가져야 한다는 홍삼표 교수의 조언을 생각하면서 「지평선
된장학교」를 사업장 명칭으로 신고하였습니다.

"이제부터는 학교다. 「지평선된장학교」다."

된장학교 개교를 가장 기다리고 있는 곳은 서울 생활소비협동조
합 이성기 이사장과 그 조합원 주부들입니다. 그룹을 지어 10~20명
씩 조를 이루어 장 담그러 올 계획입니다. 조합원이 천여 명이라니
순서 기다리기도 쉽지 않을 것입니다. 매월 2회, 첫째 셋째 수요일에
학교를 엽니다.

첫째 수요일은 도시민 학교, 셋째 수요일은 학생 학교입니다.

도시민 어른학교는 자부담으로, 학생어린이학교는 무료로 운영합
니다. 지평선 입장에서는 사업 초기 투자비용도 필요하지 않습니다.
제품 구매자가 직접 생산자가 되어 현장에서 장을 담그고 저장하고,
6개월 후쯤 장이 익으면 직접 실어 가면 그만입니다. 때로는 택배로
보내달라고 하는 고객도 있을 수 있습니다. 지평선은 재료 준비→
재료 배합비율 전수등 제조 지도→ 저장→ 인도·택배의 과정을 관
리만 해주면 됩니다.

그러니까 지평선에서는 현금창출박스에 현금을 투입하고 영업순
환과정을 거쳐 새로운 현금이 창출되어 나오는 것을 기다릴 필요도
없습니다. 욕심을 버리고 학교를 운영하면 사업은 더 번창합니다.
학교는 얼굴이고, 현금은 주된 사업이 가져다 줄 것입니다. 현금창
출박스는 주된 사업에 있고, 학교는 얼굴마담인 셈입니다.

물론 주된 수익 사업은 수제 된장을 만들어 지평선 소유의 장독에
담아 소비자에게 비싼 값으로 파는 것입니다.

농가주부모임 공동사업으로 운영하면 인건비 부담도 없습니다.

장이 익는 동안 보관료가 발생할 일도 없습니다.

전기요금도 수도요금도 없습니다. 처음 장 담글 때의 직접재료비만 부담하면 추가로 발생할 비용은 없습니다.

판매한 금액과 단순하게 발생한 비용과의 차액이 바로 현금창출액입니다. 아주 단순한 계상방법으로 현금창출박스는 돌아갑니다.

팔면 그냥 남는 구조입니다. 마니아 층 판로만 확보되면 비용 최소, 수익 최대의 사업구조입니다. 고추장 간장도 재래식 방법으로만 생산합니다. 특히 표고 고추장, 표고 간장을 만들어서 판매할 계획입니다. 조만수 사장 내외가 표고버섯을 발효시켜 개발한 것입니다. 밝은 양지가 있으면 건너편에는 음지가 있습니다.

지평선 된장학교가 자리를 잡아가기 시작할 때, 당부에서는 새로운 시스템으로 전환되는 시점에서 사업이 바쁘게 돌아갑니다.

경리부장 직을 맡던 손학두 씨가 총무부장을 맡으면서 재고관리 총괄 책임자 자리를 임시로 겸직하게 됩니다. 업무 인수인계를 위하여 특별 재고조사를 하던 중 표고 가공제품 실제 재고수량이 장부상의 재고수량보다 더 많은 것을 발견합니다. 실제 재고수량이 부족한 경우가 보통입니다. 재고부족은 그 원인을 찾기 쉽고 웬만한 경우 사고 수습이 쉽습니다. 그러나 재고가 남는 경우는 관련서류를 모두 뒤져야 그 원인을 밝힐 수 있습니다.

장부상으로는 출고된 것으로 돼 있으나, 실물은 창고에 그대로 쌓여 있다면 부정의 기미가 보인다고 총무부장은 판단합니다.

표고 가공제품을 매출한 날짜별로 제품의 출고일자를 일일이 대조하던 중 3개월 전에 판매한 600만 원짜리의 거래가 수상하였습니다.

판매한 날짜로 천만식품의 물품인수증이 첨부돼 있지만 출고지시서가 없다는 사실을 알았습니다. 출고지시도 하지 않았는데 천만식품에서는 제품을 받았다는 내용입니다. 매출이 이루어 졌으면 현금이 입금 됐거나 외상 채권이 발생돼 있어야 하는데도 그런 증빙기록은 없습니다. 누가 봐도 사고라고 판단할 일입니다. 그런데 3개월 전이면 손학두 씨가 경리부장으로 있을 때입니다. 서류상으로는 천만식품의 재고이고, 실제 실물 재고는 주리의 창고에 있습니다. 손학두 씨는 누구보다 먼저 조만수 사장에게 보고합니다. 조만수 사장과 손학두 부장은 머리를 맞대고 그 원인을 찾아봅니다. 서류는 위조해 놓아도 현금흐름까지는 되돌려 흐른 것처럼 속일 수 없습니다. 현금흐름표를 작성하며 계산기를 두드리던 조 사장이 묻습니다.

"현금 잔액이 얼마입니까?"

"예, 2천3백7십만 원입니다."

"현금흐름표의 영업현금흐름은 1천7백7십만 원입니다. 6백만 원이 부족합니다. 허위 매출액과 일치합니까?"

"누구의 짓일까?"

둘은 동시에 부르짖습니다.

조 사장은 여러 가지 경우의 수를 따져봅니다.

재고는 모자라는 것보다 남는 게 문제일 때가 더 많습니다. 주리에서 감사로 있을 때나 사장으로 조직 전체를 관리할 때에도 언제나 남는 게 문제를 안고 있었습니다. 경험상 남는 게 모자라는 것입니다.

손학두 부장이 장부상 재고금액보다 실제 재고금액이 많은 것을 발견하고 보고할 때만 해도 마음 한 녘으로는 단순한 착오이기를 바랐습니다. 그것이 소문나면 그 잘못을 덮기 위해 더 큰 사고가 있을지 모른다는 판단으로 은밀하게 해결하려고 하였습니다.

손학두 총무부장은 조 사장이 시키는 대로 아무도 모르게 최 회장에게 보고하고, 최 회장은 횡령 사고로 고발하라고 지시합니다.

35

공헌이익을 잡아라

    당부가 브랜드 수를 줄이고 공헌이익률이 높은 사업에 집중하면서 경영이 눈에 띄게 개선되는 것을 본 조만수 사장은 도원농장에도 적용해 볼 궁리를 합니다. 예전에 주리의 사례가 그대로 도원농장에도 적용할 수 있다는 말을 기억하면서, 아무리 응용하려 해도 어디서부터 무엇을 시작하여야 할지 갈피를 잡을 수 없습니다. 조 사장 머릿속에는 주리와 당부로 꽉 찼다가 요즘은 오직 도원농장 생각뿐입니다. 예전엔 의무감으로 회계를 배우겠다면서 홍 교수를 찾아갔지만 오늘은 목적이 확실합니다. 한 분야를 콕 집어서 알고 싶은 것입니다.

    홍 교수 연구소는 인기척 없이 고요하기만 합니다. 바람기 없는 날이어서 대나무 숲 잎사귀의 작은 움직임도 없습니다. 이 더운 날에도 산책 간 것일까? 전화라도 드리고 올 걸 하면서 쪽지만 남기고 돌아옵니다. 오후 세시쯤 집에 왔노라는 전화를 받고 연구실을 찾습니다.

"오늘은 휴일인데도 공부하려고 왔습니까? 좀 쉬면서 하십시오."

"편하셨습니까? 저희들은 요일 개념이 없어서요……"

말하면서 생각해 보니 주말이고 휴일이고 쉬지 않고, 정말 개념 없이 일해 왔습니다. 주말에 쉰다는 것이 조 사장에게는 사치였는지도 모릅니다.

"조 사장은 종교를 가지고 있지 않은가 봅니다."

"얽매이고 답답한 생활일 것 같아서요……"

"신앙을 가져보면 더 자유로워집니다. 성당에 가서 미사를 드리든, 교회에서 예배를 드리든, 절을 찾아 불공을 드리든 시작해 보십시오. 더 자유롭고 풍요로워집니다."

"그게 정말입니까? 어느 택시 기사가 그러는데 일요일에 교회에 다니고 쉬어도, 일하는 다른 동료기사보다 단골도 더 많고, 돈도 더 많이 번답니다. 근거가 있을까요?"

"휴식입니다. 휴식이 에너지와 좋은 말투, 표정, 친절한 태도를 만들어 주니까 당연히 단골도 더 많고 그럴 겁니다. 믿음에 따라서 초인간적인 섭리도 있을 수 있다고 생각합니다. 여유와 자유는 찾으면 얻어집니다."

그러면서 조 사장의 가방을 힐끗 바라봅니다. 무슨 용건인지 말해 보라는 사인입니다.

"주리의 사례가 도원농장에도 적용할 수 있다고 하셨잖습니까? 원리가 같다면서요. 그런데 시작의 꼭지를 모르겠습니다."

"구체적으로 무슨?"

"예, 주리의 이익구조와 당부의 이익구조가 다르잖습니까?"

"무엇이 다르다고 생각합니까?"

"브랜드의 종류가 줄었으니 이익구조도 바뀌었다고 생각합니다."

"전체적으로 어떻게 바뀌었다고 생각합니까?"

주리의 브랜드 별 공헌이익만 따지면서 구조조정에 따른 사업정리 여부를 검토하였지만, 전체의 손익과 미래의 손익을 예측하지는 못하였던 것입니다.

"평형감각을 잃었던 것입니다. 독수리처럼 높이 날아서 전체를 내려다 보라던 요령을 잊고 있었습니다."

브랜드 별 공헌이익 손익계산서를 다시 검토해 봅니다. ⟨185페이지 참조⟩ 구조조정 대상인 주류·장류 그리고 아직 미정이지만 표고 3개 부문의 공헌이익은 6억 원 적자입니다. 떡과 잡곡 부문은 11억7천만 원 흑자입니다. 떡과 잡곡이 주류·장류·표고를 먹여 살리고 남은 공헌이익이 5억7천만 원입니다. 다음은 떡과 잡곡만의 영업이익을 계산해 봅니다.

㈜주리의 전체 영업이익은 9억 원 적자입니다. ㈜주리의 전체 간접비 14억7천만 원 중 주류·장류·표고에서 발생한 공통고정비를 매출액비율로 계산하면 아래와 같습니다.

간접비 × 주류·장류·표고의 매출액 ÷ 전체매출액 = 주·장·표간접비
1,470 ×   5,000   ÷ 7,250   = 1,013백만 원

간접비 − 주류·장류·표고 간접비 = 떡·잡곡의 간접비
1,470 −   1.013   = 457백만 원

떡·잡곡 공헌이익 − 떡·잡곡간접비 = 떡·잡곡영업이익
     1,170   −   457   = 713백만 원

따라서 떡·잡곡 공헌이익 11억7천만 원에서 간접비 4억5천7백만 원을 빼면 떡·잡곡의 영업이익은 7억1천3백만 원 흑자가 됩니다.

간접비 혹은 공통고정비라고도 하며 또 어떤 경우에는 유지비, 영업비용으로도 불리는 비용은 1,470백만 원→457백만 원으로 줄어듭니다. 9억 원의 적자가 7억1천3백만 원의 흑자로 변신합니다.

당부의 이익구조는 주리의 이익구조보다 첫째 공헌이익률이 높고 (7.8%→52%), 둘째 유지비(영업비용 혹은 간접비)가 적기 때문에 (1,470백만 원→457백만 원), 셋째 간단히 이익을 낼 수 있는 사업구조로 변신할 수 있는 것입니다.

조만수 씨는 '어라? 이거 어디서 본 듯한 이야기 아닌가?' 하면서 아무리 머리를 굴려 봐도 기억이 떠오르지 않습니다.

홍 교수가 그 속을 다 안다는 듯이 빙그레 웃으면서 말합니다.

"표고생태 매운탕! 노량진 수산시장 한칼! 인천 복생원 중국집!"

조만수 씨는 '아아! 맞아'를 속으로 뇌이면서 꼴깍 침을 삼킵니다.

"세 가지 모델과 똑같은 사업이 될 수야 없겠지만 적어도 공헌이익률을 높이는 것, 간접비를 적게 하는 것, 그래서 이익을 간단히 내는 구조에 가까이 가려는 노력을 거듭거듭 끊임없이 해야 합니다."

드디어 조만수 씨는 지난 시간들을 돌아보면서 도원농장의 작물별 공헌이익 손익계산서를 만들어 봅니다.

농산물 가공부문의 회계는 〈주리〉를 거쳐 〈당부〉에서 배우고 있고, 식당 경영은 마누라가 잘 하고 있으니 됐는데……, 도원농장의 농산물별 공헌이익 손익계산서는 어떤 모습을 보여줄지 궁금한 조만수 사장입니다.

< 농산물 별 공헌이익 손익계산서 >

도원농장 (단위 : 천 원)

구분	벼 (6천평)	표고 (50평×동)	인삼 (1,000평)	한우 (20두)	합계
매출액	26,000	266,400	120,000	90,000	502,400
변동비	13,700	31,760	33,600	75,000	94,060
공헌이익	12,300	234,640	86,400	15,000	348,340
고정비					150,340
영업이익					198,000
공헌이익률	47%/년	88%/2년	72%/6년	17%/30월	—
1년 환산	47%	44%	12%	7%	—

홍 교수는 조 사장이 작성한 도원농장의 손익계산서를 보면서 탁상용 전자계산기로 이것저것 툭툭 자판을 두드리면서, 고개를 끄덕이기도 하면서 공헌이익률 난을 하나 더 만들고 이익률과 계산 기간을 작은 글자로 써넣습니다. 그리고 1년으로 환산한 공헌이익률을 써 넣으면서 조 사장에게 묻습니다.

"변동비와 고정비는 어떻게 나누어 계산했습니까?"

"예, 교수님께 배운 대로 변동비는 각 작물별로 제초제, 작물보호제, 농약, 비료, 작물별 작업비용, 이앙기, 콤바인, 건조기 등 농기계 사용료 등은 매출액과 비례해서 증가 또는 감소하므로 변동비로 집계했습니다. 그리고 농지임대료, 전기·수도료 등 각종 공과금, 종업원 급여, 노임, 대출금이자 등은 매출이 늘어나도 큰 변동 없이 거의 같은 금액이 발생하므로 고정비에 넣었습니다."

이처럼 비용은 매출액에 비례해서 발생하는 변동비와 거의 일정한 고정비로 나눌 수 있습니다.

매출액에서 변동비를 빼면 농산물을 팔고 농장에 들어오는 현금이 얼마인지 나옵니다. 이것이 도원농장의 공헌이익입니다. 도원농장이 지불한 현금인 변동비는 상대방의 현금창출에 기여한 금액이고, 매출액에서 상대방의 현금창출에 기여한 변동비를 뺀 금액이 도원농장의 현금창출금액인 공헌이익입니다. 강의를 듣던 조 사장이 공헌이익률 칸을 가리키며 질문합니다.

"공헌이익률은 어떻게 계산하는지요?"

"공헌이익률은 공헌이익이 매출액에서 차지하는 비율입니다. '공헌이익÷매출액 = 공헌이익률'입니다. 비율이 높을수록 좋습니다. 다른 의미도 있지만 공헌이익이란 현금창출에 직접 공헌하는 이익이란 뜻입니다."

공헌이익 손익계산서를 보면서 조 사장이 궁금한 것을 묻습니다.

"작물별로 공헌이익률이 들쑥날쑥 차이가 나는 이유가 무엇일까요?"

홍 교수는 그 차이의 이유를 작물 예를 들어가며 강의합니다.

첫째로, 농산물의 특징이기도 하지만 재료비로 구입한 자금이 현금이 되기까지의 시간이 가장 중요합니다. 예를 들어 인삼의 경우 예정지 관리, 유기물 시비, 씨앗 종묘비, 작물보호 농약 시비 등 투입한 비용이 최장 6년간이나 휴면상태로 묶여 있습니다. 영업순환속도, 다른 말로 현금창출박스 회전 속도에 따라 공헌이익률이 상대적으로 낮을 수밖에 없습니다.

둘째로, 재고로 정체되어 있는 시간도 차이에 영향을 줍니다. 한우의 경우 최소한 30개월 동안 소 키우는 것은 재고에 현금이 묶여 있는 셈입니다. 인삼은 재공품 재고의 모습으로 땅 속에서 6년간 현금으로 묶여 있습니다. 재공품 재고에 현금이 묶여 있는 것은 난방보일러에 에어가 차서 순환되지 않는 것과 같습니다.

셋째로, 영업순환속도가 빨라야 공헌이익률도 높아집니다. 쌀의 영업순환속도란 현금으로 볍씨·모판·상토를 구입하고, 벼를 심고 수확하고 수매 또는 쌀을 팔아서 현금화하는 시간의 길이를 말합니다. 다른 말로 현금회전속도라고도 합니다. 1년에 한 번 수확하니까 영업순환속도는 연간 1회입니다. 표고는 표고목에 종균을 넣는 해부터 수확을 시작하여 2년간 공헌이익률 88%, 연간으로 따지면 44%로 쌀의 영업순환속도와 비슷합니다. 공헌이익률이 비슷할 때는 경작규모가 공헌이익 금액의 크기에 영향을 미칩니다.

생산기간이 인삼 6년, 한우 2.5년인데 쌀(1년)과 표고(2년 또는 1년)는 영업순환속도가 상대적으로 더 빠릅니다.

쌀과 표고의 공헌이익률이 더 높은 이유입니다. 농업의 구조적인 문제이긴 하지만 수매량과 수매가격만 쳐다봐야 하는 농산물(예, 인삼·쌀)의 가격은 수매기관의 결정에 따를 수밖에 없습니다. 이 경우에 농장은 가격결정력이 없습니다.

수매기관의 재고가 누적되어 수매량의 제한을 받게 되면 농장의 재고도 누적됩니다. 영업순환과정 중 재고자산 단계에서 체한 모습, 현금이 정체되는 모습이 됩니다. 또한 수입농산물과 경쟁관계의 농산물은 품질로 승부를 걸어야 할텐데, 품질향상에 드는 추가비용 때문에 공헌이익은 더 적어집니다. 어느 경우에나 재고 부담과 비용 부담, 영업순환과정의 재고 정체와 순환 속도 면에서 불리합니다.

당장 현금이 필요한 약자의 입장에서는 아주 싼 값이어도 팔아야 한다고 마음을 굳힙니다.

강의를 듣던 조 사장은 슬그머니 화가 치밀어 오릅니다. 대상자도 없는 사회적 분노인지도 모릅니다.

"농산물을 헐값에 팔아버립시다. 갈아엎기도 하는데요 뭐!"

할인판매나 바겐 세일이 이름은 그럴 듯하지만 현금을 버리는 것과 같은 것입니다. 홍 교수가 힐끗 보면서 위로하듯 말합니다.

"그래도 희망이 있습니다. 농장이 직접 농산물의 부가가치를 높이는 가공 사업을 하면 됩니다. 제일 중요한 원재료를 자기가 자기에게 공급합니다. 더구나 현금을 지급하지도 않습니다. 공헌이익률이 거의 100%일 수 있습니다."

'맞아! 주리는 도원농장에서 표고 가공 원재료를 사서 가공제품을 만들어도 적자는 아니었잖아? 나는 원재료가 그냥 내 꺼 아닌가?'

드디어 조 사장은 표고버섯 가공공장을 인수하라고 권유하던 최규식 회장의 제의를 받아들일 용기를 얻습니다.

36

원재료비가 공짜이면
무조건 남는다

조만수 사장은 선뜻 말할 용기가 나지 않습니다. 아직 뚜렷하게 결심이 서지 않은 것입니다. 홍 교수로부터 더 확실한 결심의 근거를 은근히 기대하면서 조심스럽게 말합니다.

"일전에 상담 드렸던 표고 가공공장을 해볼까 하는데 어떻게 하면 좋을지 모르겠습니다."

홍 교수는 기다렸다는 듯이 얼른 대답합니다.

"어떤 목표를 가지는가가 중요합니다. 단순하게 표고버섯을 소비하는 곳 정도의 가공공장이라면 시작하지 않는 것이 좋습니다."

생각할 수 있는 여유를 주는 듯 잠시 있다가 단호한 목소리로 말을 잇습니다.

"가치 있는 목표가 뚜렷해야 승산이 있습니다."

조 사장은 잠시 생각에 잠깁니다. '농산물 가공공장을 하려는데 가치 있는 목표란 무엇일까?'

홍 교수가 이어서 매듭을 짓습니다.

"가치 있는 목표는 조 사장 스스로가 깨닫고 세울 숙제입니다. 천천히 생각해 보십시오."

부담스러운 숙제를 안기고 아무렇지도 않은 듯 가공공장에 대해서 묻습니다.

"표고버섯 가공공장을 어떤 공장으로 키울지 생각해 본 거 있습니까?"

조만수 사장이 이 분야에선 배운 것도 꽤 있고, 머리도 많이 깨우친 편입니다.

"예, 공헌이익률이 높고 유지비가 적게 들고 이익을 간단히 낼 수 있는 조직으로 회사를 키우고 싶습니다."

홍 교수는 흐뭇하게 조 사장을 바라보면서 맞장구를 칩니다.

"맞습니다. 표고생산의 공헌이익률이 높은데, 표고 가공공장의 공헌이익률도 높으면 승수배의 효과를 낼 수 있습니다. 그러니까 농산물 가공사업은 자기가 직접 생산한 농산물을 원재료로 하면 현금창출효과를 더 크게 할 수 있습니다."

그 이유를 홍 교수가 계속 강의합니다. 주된 원재료가 표고이므로 가공공장의 원재료 비용 부담액은 없습니다. 표고생태탕을 팔던 정 여사가 표고를 공짜로 쓰면서 돈을 버는 것과 마찬가지입니다. 매출액에서 직접재료비를 빼면 한계이익을 구할 수 있습니다. 즉, 「매출액 – 직접재료비 = 한계이익」입니다.

직접재료비가 제로이면 매출한 금액이 모두 한계이익이라는 뜻이 됩니다. 한계이익률이 100%입니다. 이론적으로는 농산물을 생산하고 그 농산물을 원재료로써 가공하는 사업은 한계이익률이 100%이므로 성공확률이 높다고 할 수 있습니다.

한계이익률이 높으면 한계이익에서 재료비 이외의 변동비를 뺀 공헌이익도 큰 금액이어서 공헌이익률도 100% 가깝게 유지할 수 있습니다. 나머지는 고정비 부담이 문제입니다. 가공작업을 수제식·가내공업식으로 하면서 제조 속도를 빠르게 하는 연구를 꾸준히 해야 합니다. 다만, 포장 방식은 최신식으로 현대화하는 것이 좋습니다.

불현듯 홍 교수가 엉뚱한 질문을 합니다.

"제품 생산은 어떻게 할 계획입니까?"

"제가 생각하는 방향이 맞는지 모르겠습니다만, 공장식 대량생산을 피하고 수제식·가내 공업식 소량생산을 하려고 합니다. 다만, 포장은 고급스럽게 하고 고가전략을 쓰려고 합니다만……"

"가내 공업식 소량생산이라…… 세계 최고의 자동차 토요다 생산 방식입니다. 망할 리 없는 안전한 방식입니다. 품목은?"

"표고 젤리 묵, 표고 국수, 표고 조미료, 표고 간장, 표고 고추장 그리고 최고급 생표고 세트를 제조할 계획입니다."

"상상도 못한 제품입니다. 신기합니다. 장류에로까지 개발이 이루어졌군요? 대단합니다."

그러면서 홍 교수가 벌떡 일어서더니 벽에 걸린 화이트보드에 청색 매직 펜으로 큰 글씨의 등식을 씁니다.

농장 + 가공공장 + 식당 + 된장학교 = ????????

"교수님. 그런데 왜 답이 없습니까? 물음표가 답입니까?"

"왜 그럴까요?"

제 **13** 장
별을 바라보다

37

연어의 귀환

㈜당부의 최규식 회장은 불안한 날들을 보내고 있습니다.

경영 일선에서 떠난 지 오랜만에 돌아온 탓인지 어색하기만 하고 무슨 일에나 자신이 없습니다. 조만수 씨는 사표를 내고 그만 둔다고 하고, 최 회장은 몇 달만이라도 '더 봐 달라'면서 조 사장을 붙들고 있는 중입니다. 그렇다고 언제까지나 잡아둘 수는 없는 노릇입니다. 결국 사표를 수리하고 퇴임식을 열어 공로패와 공로금을 줍니다. 2억 원의 거금입니다.

장부가격 8천9백만 원의 표고 가공공장은 5천만 원으로 거래금액을 조정하여 조만수 씨에게 이전합니다. 최 회장은 무상양도를 하겠다고 제의하지만 현금으로 떳떳하게 계산합니다. 그렇게 하는 것이

쓸데없는 잡음도 막는 길이라고 판단합니다. 도원농장에서는 쌀과 표고버섯만 생산할 것을 결정하고, 3년 된 인삼 밭은 적당한 값에 팔 계획입니다. 모든 게 잘 풀리는데 가장 중요한 것이 미결 상태입니다.

그건 조만수 씨의 반쪽 정 여사 때문입니다. 오늘도 조만수 씨는 정 여사를 설득하러 읍내 표태탕 가게로 갑니다. 가게 안은 아직 점심 식사 전이라 한산하기만 합니다.

"여보, 정 여사! 공장도 인수하고 농장 일도 그렇고, 이젠 농장으로 들어갑시다. 장사도 할 만큼 해 봤잖아?"

"들어가려도 명분이 있어야 가지. 그냥 어떻게 가요?"

'어? 그런데 정 여사 목소리가 오늘따라 부드럽다?'

늘 그랬습니다. '돈 벌어야지요!'를 입버릇처럼 말하던 정 여사입니다. 자존심 강한 아내의 성격은 남편이 잘 아는 법입니다.

'맞아. 이 사람, 바라는 게 무엇인지 알겠다!'

조 사장은 농장으로 돌아와 브리핑 자료 준비하듯이 농장과 공장의 사업계획서를 요약하여 만듭니다. 그리고 표태매운탕 가게를 도원농장으로 이전하면 어떤 이득이 있는지 자료를 만듭니다. 농가주부모임 박경순 회장은 지평선 된장학교를 같이 운영하자고 설득합니다. 동업도 제의합니다.

"언니는 편하게 지시만 하고 궂은 일은 내가 다 할게요. 무엇보다도 언니가 표고 장류 개발의 최고 권위자 아니유? 지평선 된장학교에 표고 장류 개발의 원조인 언니가 없으면 껍데기뿐이어요."

그 말은 맞는 말입니다. 생표고 요리를 하면서 얻은 아이디어로 발

효균을 배양하여 표고 간장·표고 고추장을 개발한 일등 공신은 정 여사입니다.

"맞아, 당신은 음식 개발의 천재에다가 타고난 사업가 기질이 있잖아. 모든 걸 고객의 입장에서 애쓰잖아. 그런 마인드가 우리한테는 없어. 당신이 꼭 필요해, 여보."

조 사장도 옆에서 진심으로 설득합니다. 평소에도 정 여사는 갑갑한 가게에 싫증을 내고 있던 중입니다. 서비스 룸도 좁지만 주차 공간이 없어서 고객 불만도 많아 짜증이 쌓여가고 있던 중입니다. 밤늦게까지 술판 벌이는 손님들이 돈벌이도 되고 새로운 세상이어서 재밌었지만, 덕분에 수면부족이 힘들게 합니다.

이런저런 핑계로 「표고생태 매운탕」 가게를 도원농장으로 옮깁니다. 도원농장에는 어마어마한 구조물이 건설됩니다. 높이 14m, 밑변 가로 세로 각각 15m나 되는 피라미드 구조의 비닐하우스가 세워졌습니다.

이 신비한 구조물이 정 여사가 새로 개업하는 식당입니다.

시골 마을 한 쪽에 5층 높이의 구조물은 분위기를 압도합니다. 밤의 파란 빛 조명은 신비로움을 더해줍니다. 이런 구조물 속에서의 식사는 새로운 경험을 선사합니다. 서비스 룸도 넓고 쾌적하며, 주차공간도 넉넉합니다.

메뉴는 표태탕 하나뿐입니다. 표고 하나에만 집중하기 위한 정 여사의 전략입니다. 입소문이 퍼지면서 전국적 명소가 되는 것은 시간 문제입니다.

읍내에서는 벌써부터 소문이 자자합니다.

"표고탕 집이 농장으로 들어갔대."

사람들은 생태는 빼고 그냥 표고탕이라고 부릅니다.

"식당 집이 어마어마하다던데? 가보자."

"그래, 가보자."

읍내에서 8㎞! 부담 없는 10분 거리입니다.

'여왕벌의 귀환이다!'

여왕벌 따라 모이는 벌떼처럼 모여듭니다. 정 여사는 앞날을 어렴풋이 그리면서 곰곰이 생각에 잠기곤 합니다.

"그래, 여기서 열심히 일하고 식품개발도 하고 봉사활동도 해야지. 맞아, 악기도 더 배워야지."

정 여사에게 일이 희망이고, 봉사활동·연구개발·트럼펫 이 세 가지는 행복입니다.

38

마지막 강의

마지막 강의는 도원농장에서 합니다.

모든 실마리는 현장에서 풀리기 시작하기 때문입니다. 홍 교수는 그것을 현장력(現場力), 현장의 힘이라고 말합니다. '잘 모르면 현장으로 가라, 관리의 기초는 현장이다. 현장에서 몸으로 부딪쳐라, 현장이 답이다.'면서 현장을 중요하게 여기라고 강조하곤 하였습니다.

도원농장에 들어서면서 홍 교수는 두 번 놀랐습니다.

피라미드 비닐하우스가 납작한 것 같아서 놀라웠고, 표고 재배 비닐하우스 한 동이 무지개 7색으로 변한 것에 놀랐습니다. 비닐하우스 한 동을 7색 페인트로 칠하였습니다. 어쨌거나 홍 교수가 그리던 모습의 근처에는 다다른 것입니다.

"조 사장, 일일이 칠했군요. 비용을 들여 칠할 만한 가치가 있을까요? 보기는 좋습니다만……"

"돈 들여 인테리어도 하는데, 아웃테리어 했다고 생각합니다. 무지개 비닐이 곧 나올 테지요 뭐. 컬러 비닐도요!"

조 사장의 말 속에는 어떤 확신이 숨겨져 있습니다.

"무지개 비닐하우스를 보니까 젊은 시절 좋아하던 시가 생각납니다. 윌리엄 워즈워드의 〈무지개〉가 말입니다."

몇 발짝 발을 떼더니 홍 교수가 〈무지개〉 시를 읊습니다.

하늘에 걸린 무지개를 보면 내 가슴은 뜁니다.

내가 어렸을 때 그랬습니다.

어른인 지금도 그렇습니다.

늙은이 됐을 때도 그랬으면 합니다.

그렇지 않다면 살고 싶지 않습니다.

어린애는 어른의 아버지입니다.

내가 사는 세월의 하루하루가

자연을 경애하는 마음으로 얽혀지기를!

홍 교수는 뒷짐을 지고 무지개 비닐하우스를 보면서 〈무지개〉 시구 하나 더듬지 않으면서 암송합니다.

"저런 걸 어떻게 줄줄 다 외운담?"

조 사장은 이쪽 피라미드 비닐하우스를 보면서 중얼거립니다.

두 사람은 무지개 비닐하우스 속에 있는 사무실로 들어가 새로 개발하고 있는 표고 음료차를 마시면서 의견을 나눕니다.

"차갑게 드는 방법과 따뜻하게 드는 방법 중 어느 것이 좋을지 모르겠습니다."

지금 마시고 있는 것은 따뜻한 표고차입니다.

"글쎄요, 내 생각에는 따뜻한 것이 좋은데 더 연구해 봅시다."

조만수 씨는 그동안 배웠던 노트를 챙기면서 작은 감격 같은 것을 느낍니다. 일종의 성취감 같은 것입니다.

"교수님한테 배운 것이 큽니다. 제 뇌 구조가 바뀐 것 같습니다."

고맙다는 말을 꺼내려는데 홍 교수가 엉뚱한 데로 말을 돌립니다.

"재고 사고 고발 건은 잘 마무리 됐습니까?"

홍 교수는 사고 자체보다도 회계적 사실관계가 더 궁금한 것입니다.

"대차평균의 원리도 모르면서 장부와 전표를 소급해서 위조한 사건입니다. 대변으로 매출은 일어났는데 차변의 상대 계정이 빠졌습니다. 그리고 현금흐름표를 만들어 봤습니다. 영업현금흐름과 실제 현금액과 600만 원 차이가 난 것을 알았습니다. 조사 결과 김영근 씨와 천만식품 직원이 짜고 허위 서류를 만들어 600백만 원을 나누어 가진 사건입니다. 횡령·사문서 위조죄로 기소되었습니다."

알았다는 듯이 고개를 끄덕이면서 홍 교수가 칭찬합니다.

"현금은 실물이어서 서류를 위조해도 현금이 실제로 늘고 줄고 하지를 않습니다. 현금흐름표를 작성해서 대조해 본 것은 회계실력이 상당한 수준이라는 증거입니다. 조 사장의 사람 보는 눈도 옳았던 셈입니다."

이 말은 김영근 씨의 이사직 복귀를 조 사장이 두 번이나 반대했던 것을 기억한 것입니다.

"아닙니다, 운이 좋았습니다. 부하 직원을 잘 둔 덕분이었습니다."

부하 직원이란 손학두 총무부장을 말합니다.

"조 사장은 좋은 품성을 가졌습니다. 조 사장 얘기를 들으니 일본 마쓰시타 전기 창업자의 일화가 생각납니다."

일본 마쓰시타 전기의 창업자. 마쓰시타 고노스케는 신입사원 면접 때에 반드시 이런 질문을 했다고 합니다.

"당신의 인생은 지금까지 운이 좋았다고 생각합니까?"

그는 이에 대한 답변을 들은 후, 그들 중 '아니오, 운이 좋았다고는 생각하지 않습니다' 라고 말한 사람들은 채용하지 않고, '운이 좋았습니다'라고 대답한 사람은 전부 채용했다고 합니다. 마쓰시타 고노스케는 '우수'한 것보다는 '운'을 더 중요시했던 것입니다.

그 이유는 무엇일까요? 그 해답은 바로 "나는 운이 좋았습니다"라고 자기 입으로 말할 수 있는 사람의 심층의식에 있습니다. 이렇게 말하는 사람의 심층에는 "내 힘만으로 된 것이 아니야"라고 하는 주변에 대한 '감사'의 마음이 반드시 있다고 합니다.

밑바탕에 감사의 마음이 있는 사람은 당장은 우수하게 보이지 않아도 반드시 좋은 인재로 성장할 수 있다는 가능성을 보았던 것입니다.

그리고 사실 '예, 운이 좋았습니다'라고 그 자리에서 대답해서 채용된 사람들이 과장이 될 무렵에는 그들의 뛰어난 능력에 힘입어 마쓰시타의 황금기에 돌입했다고 합니다.

긍정적인 사고방식을 가지고 늘 감사하는 태도로 사는 사람에게는 행운이 찾아오는 반면 부정적인 사고방식을 가지고 늘 불평을 일삼는 태도로 사는 사람에게는 불운이 찾아옵니다.

성공한 사람들은 흔히 '운이 좋았다'고 말합니다.

"나는 상사를 잘 만났어. 나를 믿고 일을 맡겼거든. 정말 운이 좋았어."

"부하 직원이 참 유능했어. 열심히 도와준 덕분에 목표를 달성했으니까 운이 좋았어."

자신을 '운 좋다고 생각'하는 성공한 사람들에게는 공통된 특징이 있습니다. 그들은 남과 똑같은 상황에서도 남보다 더 많이 감사할 줄 압니다.

이야기를 마치고 홍 교수는 식은 표고차로 입을 축이면서 말합니다.

"식은 것도 향이 좋습니다. 그런데?"

홍 교수는 무언가 말하려다가 머리를 앞으로 쑥 내밀며 상체를 일으킵니다. 잘 풀리지 않는 대화를 할 때 나타나는 버릇 같은 행동입니다.

"가치 있는 뚜렷한 목표가 있어야 한다는 말 생각해 봤습니까?"

일전에 표고버섯 가공공장을 시작하려고 할 때 가치 있는 목표가 뚜렷해야 승산이 있다면서 가치 있는 목표는 스스로 깨닫고 세울 숙제라고 하였습니다.

비슷한 숙제는 PDSA 강의 때도 있었습니다. 가치 있는 목표를 무엇으로 할지를 고민하던 바입니다.

"예, 머리로는 정리가 되는데 말로 표현하는 것이 잘 안됩니다만……, 거래해 주는 고객의 행복을 다 합치면 이만한 것이라고 쳐요."

두 손으로 눈앞에서 동그라미를 그리며 '이만큼'이라고 표시합니다.

"제가 고객 한 사람에게 조금, 또 다른 고객 한 사람에게 조금, 이렇게 말 행동 뭐 배려 같은 것이 고객들의 행복을 조금씩이라도 늘려준다면 다 합쳤던 고객의 행복이 이만~큼 더 커질 겁니다."

아까 두 손으로 그렸던 동그라미 이만큼보다 더 큰 동그라미 이만~큼이라고 표시합니다. 홍 교수는 조 사장의 표현 모습을 너무 순수하게 느낍니다. 지금 조 사장은 행복의 집합개념을 말하고 있는 것입니다. 한 사람 한 사람의 행복을 합하면 그것이 '행복총량 개념'입니다. 조 사장이 동그라미로 그린 '이만큼'은 '고객 행복총량'을 표현하는 것입니다. 거기에 조 사장이 행복을 더 늘려주면 '고객 행복총량의 증진'이 되는 것입니다.

지금 조 사장은 고객의 행복총량을 증진시키는 것을 가치 있는 목표라고 홍 교수에게 고백하고 있는 것입니다. 작은 행복은 늘려주어도 작지만, 그 작은 행복을 총량으로 따지면 아주 커집니다.

"고객에게 작은 행복이라도 줘야지 하는 태도로 고객을 보면 고객이 달리 보입니다. 마음에 깊게 새기십시오. 사훈으로 하면 어떻겠습니까?"

《고객 행복총량 증진》

조 사장은 '고객 행복총량 증진'을 사훈으로 삼기로 하고, 도원농장, 표고버섯 가공공장, 표고탕 식당의 제일 잘 보이는 자리에 큰 글씨로 써걸었습니다.

"교수님, 지난번 강의 때 등식을 설명해 주십시오. 궁금합니다. 농장 + 가공공장 + 식당 + 된장학교 = ??????? 무슨 뜻인지요?"

홍 교수가 씨익 웃으면서 또 머리를 쑥 내밉니다.

"정 여사 식당이 읍내에 있으니 등식을 성립시킬 수가 없었습니다. 이제는 도원농장, 표고버섯 가공공장, 표고 매운탕 식당, 된장학교 네 개의 보석이 시스템으로 돌아갈 수 있으니 물음표의 답이 나와야 하겠습니다."

홍 교수는 업체 네 개를 보석이라고 표현하고 있습니다. 홍 교수는 평소에도 보석처럼 생각하고 시스템으로 맞물고 돌아가도록 계획하고 있었던 건 아닐까? 그럴지도 모를 일입니다.

홍 교수가 또 한 번 머리를 쑥 내밀면서 말합니다.

"농업디자인! 더 정확히 말하자면 '농업 구조 디자인'이 답입니다."

그러니까 도원농장에서 농산물을 생산하고(1차 산업), 표고버섯 가공공장에서 농산물을 가공하여 부가가치를 더 높이고(2차 산업), 표고탕 식당과 지평선 된장학교에서 농산물 관련 식사 등 서비스, 장담그기 체험, 농산물 직접 판매, 식품개발 연구 등(3차 산업)으로 연결하는 고리를 완성하여 「농업 구조 디자인의 모델」을 완성해 보려던 것입니다.

조만수 사장은 잠시 깊은 생각에 빠집니다.

여기까지 쉬지 않고 달려와 「농업 구조 디자인의 모델」을 만들 수 있었던 바탕은 무엇일까? 밀물처럼 밀려 왔다가 썰물처럼 빠지는 차량들을 보면서 농장, 가공공장, 식당, 학교, 계획 중인 농산물 매장을 이어준 끈이 무엇일까를 생각합니다. 그것은 '현금창출 농업디자인회계'가 밑바탕에 깔려 있다는 사실입니다. 그런 의미에서 홍 교수는 지식의 천사로 조만수 씨에게 왔던 것입니다. 흰색 봉투를 홍 교수에게 내밉니다.

"교수님, 고맙습니다. 감사의 표시로 조금 넣었습니다."

"조 사장! 염치없는 사람 만들지 마십시오. 거두십시오."

홍 교수의 음성이 단호합니다.

"아닙니다. 꼭 드리고 싶습니다."

조 사장도 밀리지 않습니다.

"조 사장, 내가 뭘 했다고 사례합니까? 가르치면서 내가 더 많이 배웠습니다. 절대 받을 수 없습니다.”

　“교수님, 저도 공짜로 생긴 돈을 나누어 드리는 겁니다. 받아서 좋은 데 쓰시면 되잖습니까?!”

　연구실로 돌아와 봉투 속을 들여다 본 홍 교수가 너무 큰 금액에 깜짝 놀랍니다.

　“세상에! 세상에!”

하늘을 날다

홍 교수가 말하는 네 개의 보석 중 사람들이 가장 많이 붐비는 곳은 표고탕 식당입니다. 메뉴는 오직 하나 표고생태 매운탕 하나뿐입니다. 그런데 정 여사 머릿속에는 표고버섯 확장아이디어가 떠오릅니다.

"도원의 표고, 당부의 떡, 지평선의 된장·고추장·간장 이 셋을 엮으면 될 수 있는 게? 맞다, 표고떡볶이다!"

그날부터 시간 날 때마다 무지개 비닐하우스 한 구석에 마련한 실험 연구실에서 떡볶이 소스를 개발합니다. 표고의 건조 정도에 따라 달라지는 표고떡볶이의 식감에 대해서도 이런저런 실험도 해보고 맛도 보이면서 완성해갑니다. 굳이 시식회라 할 것까지야 없지만 첫

반응은 폭발적입니다. 표고생태탕에 이어 표고떡볶이가 탄생한 것입니다. 당부 떡에 조만수 표고와 정 여사 소스의 결합입니다.

이것도 언젠가는 표고생태탕이 표고탕으로 불리듯이 표볶이로 불리게 될 것입니다. 표볶이가 맛있고 건강에 좋다는 입소문이 나면서 택배 주문도 끊이지 않습니다. 정 여사의 사업 수완은 표고떡볶이 소스의 발명특허 출원과 프랜차이즈 체인점까지 계획하고 있습니다.

어느 날 정 여사는 고객들이 피라미드 비닐하우스를 구경하면서 나누는 얘기를 듣게 됩니다.

"표고탕에 표볶이가 맛있어. 맛의 비결이 무엇이길래 이렇게들 몰려올까?"

"멍석을 깔아놓으니 사람들이 몰리지."

그 뜻은 처음 보는 무지개 비닐하우스, 피라미드 비닐하우스, 된장학교에 끝없이 줄지어 늘어선 장독대, 표고버섯 농장, 구경거리, 각종 체험, 농산물 구입 등 이런 여러 가지가 모여 사람들이 모이게 하는 판을 펼쳐놓았다는 것을 표현하는 것입니다.

정 여사도 그 뜻을 다 알아들으면서도 외마디 소리를 지릅니다.

"뭐? 멍석?"

전광석화 같은 그림이 머릿속을 꽉 채웁니다.

"그래, 그거야. 멍석이야."

원로청년부 장광호 회장을 만난 정 여사는 가로 세로 13m 짜리 멍석을 만들 수 있는지 문의합니다. 원로청년부는 70세 이상 원로들이 청년처럼 일하고 지역사회 발전에 기여하기 위해 조직한 모임입니다. 구성원의 자부심은 노인이 아닌 원로이되 다만 청년처럼 건강하고 일도 척척 잘하는 지역의 원로라는 것입니다. 800만 원을 원로청년부 기금으로 지급할 것을 약속하고, 50m 비닐하우스 속에서 두툼하게 공동 제작합니다.

"멍석을 깔았어. 무지 넓어."

"초대형이야. 세계에서 제일 클 거야. 몇 십 미터는 돼."

"설마? 가보자."

"그래. 가보자."

초대형 멍석은 이야깃거리가 되어 사람들을 불러 모읍니다. '이야깃거리를 함께 팔아라'는 멍석에서 또 증명된 것입니다. 주말에는 입장번호표를 받고 기다려야 식사를 할 수 있습니다. 사람들이 몰리면서 정 여사 명함은 2천부씩 몇 번을 찍었는데도 또 찍어야 합니다. 명함을 기념으로 가져가면서 한마디씩 합니다.

"명함이 예쁘고 고급이니까 음식도 맛있는가 봐!"

명함을 주문할 때마다 조만수 씨는 홍 교수가 한 말을 떠올립니다.

"더 좋은 고급종이에 색깔이나 디자인을 더 신경 써서 최고급 명함을 만들면 현금이 더 들어 옵니다."

이 말을 '최고급 명함을 만들면 비싸니까 현금이 더 나갑니다'라고 말해야 옳은 거라며 오해를 한 적이 있습니다.

좋은 명함의 돈벌이 위력을 몰랐던 것입니다.

조 사장은 그때 잘못 들었던 걸 기억하면 피식 웃음이 나옵니다.

"역시 앞선 분이야! 어떻게 알았을까?"

매월 첫째 셋째 화요일은 영업을 하지 않습니다. 일주일 중 가장 한가한 날이 화요일입니다. 첫째 화요일은 고아원이나 양로원에 급

식봉사 나가는 날입니다. 어느 곳에서나 표볶이의 인기는 높습니다.

언제나처럼 행복을 주러 가지만 오히려 행복을 안고 옵니다.

셋째 화요일은 온전히 쉽니다.

도원농장이 생산한 표고는 전량 표고가공공장과 표고식당에 공급합니다. 표고가공제품 중 표고국수와 표고젤리 묵은 통신판매만으로도 수요초과 상태입니다. 전에 ㈜주리에 납품하려다가 쌓여 있던 표고 재고가 더 많은 부가가치를 창출하면서 깨끗하게 처리된 것은 물론입니다. 대박이 난 것입니다.

피라미드 비닐하우스는 표고식당을 품에 안은 채 사람들을 도원농장으로 가공공장으로 된장학교로 보내기도 하고, 도원농장에서 가공공장에서 된장학교에서 표고식당으로 오는 사람들을 품에 안기도 합니다.

오늘밤도 피라미드를 비추는 파란 빛 조명은 신비롭기만 한데, 조만수 씨 내외는 북유럽 12개국 여행 준비에 들떠있습니다.

금년에는 러시아 · 핀란드 · 스웨덴 · 노르웨이 · 독일 · 스위스 6개국을 갑니다. 결혼 30주년이 되는 후년에는 그리스 · 터키 · 이탈리아 · 프랑스 · 스페인 · 영국 6개국을 갈 계획입니다.

정 여사의 목소리는 하늘에 닿았습니다. 노르웨이에 가면 솔베이지의 노래 그리그의 생가랑 작곡하던 작은 오두막집을 가보고, 독일 가면 울도록 갖고 싶던 바하 트럼펫을 꼭 살 것입니다.

간절히, 정말 간절히 원하면 이루어진다고 합니다.

조만수 씨는 간절히 원하던 현금곳간이 꽉 찼고, 정 여사가 간절히 원하던 봉사활동 · 취미활동에 사람답게 우아하게 사는 것도 현금곳간이 꽉 찼으니까 다 이루어진 셈입니다.

햇살도 맑고 잎도 더욱 푸르른 5월 20일, 조만수 · 정영란 내외를 태운 북유럽행 비행기가 하늘을 날아오릅니다.

역시 인생에서 가장 중요한 자리는 지금 여기이고, 인생 최고의 순간은 바로 지금입니다.

이야기로 배우는
현금불리기

인 쇄 일	2015년 11월 10일
발 행 일	2015년 11월 20일
지 은 이	엄동일
펴 낸 이	임승한
마 케 팅	류준걸 최인석 구영일
교 정	김명옥
디자인 · 인쇄	삼보아트
펴 낸 곳	책넝쿨
출판등록	제25100-2015-0000009호
주 소	서울시 강동구 고덕로 262
전 화	02) 3703-6136
팩 스	02) 3703-6213
홈페이지	www.nongmin.com

책넝쿨은 (사)농민신문사가 만든 새로운 출판브랜드입니다.

ISBN 979-11-86959-00-8 (03300)
이 도서의 국립중앙도서관 출판예정도서목록(CIP)은 서지정보유통
지원시스템 홈페이지(http://seoji.nl.go.kr)와 국가자료공동목록시스템
(http://nl.go.kr/kolisnet)에서 이용하실 수 있습니다.
(CIP 제어번호 : CIP2015030468)